Bergparadiese

Die 13 Nationalparks der Alpen

BERND RITSCHEL · EUGEN E. HÜSLER

Bergparadiese

Die 13 Nationalparks der Alpen

BRUCKMANN

Inhalt

	Vorwort	6	9 Parco Nazionale Val Grande	136
	Die Nationalparks der Alpen	8	10 Parco Nazionale del Gran Paradiso	150
1	Schweizerischer Nationalpark	12	11 Parc National de la Vanoise	164
2	Nationalpark Berchtesgaden	28	12 Parc National des Écrins	178
3	Nationalpark Hohe Tauern	44	13 Parc National du Mercantour	192
4	Nationalpark Kalkalpen	60	Register	206
5	Nationalpark Gesäuse	76	Impressum	208
6	Triglav-Nationalpark	90		
7	Parco Nazionale delle Dolomiti Bellunesi	106		
8	Stilfser-Joch-Nationalpark	120		

Westalpine Hochgebirgslandschaft: Barre des Écrins vom Südgrat des Roche Paillon (Seite 2–3)
Wasserspiele in der Wimbachklamm (Nationalpark Berchtesgaden) (links)

Vorwort

Der erste alpine Nationalpark wurde vor bald hundert Jahren eingeweiht. Seither hat sich die Welt fundamental verändert. Zwei Weltkriege verwüsteten Europa, das »Wirtschaftswunder« der 1950er und sechziger brachte dann Wohlstand für (fast) alle, das Reisen – früher ein Privileg weniger – entwickelte sich zum Massenphänomen. Das Auto trat seinen Siegeszug an, aus Bauerndörfern sind längst Touristenorte geworden, Straßen wurden gebaut, und als diese dem Verkehr nicht mehr genügten Autobahnen, sogar quer durch die Alpen. Rührige Vereine sorgten sich um Verbesserungen des Wegenetzes… So wurden die Alpen schließlich zum größten Reiseziel und Feriengebiet Europas.

Die Alm mutierte zum Gasthof, der bekam seinen Straßenanschluss und später einen Höhenweg. Vielleicht auch einen Skilift, der irgendwann verlängert werden muss. Wasser wird abgeleitet in Stollen, gespeichert in riesigen Energiereservoirs. Wachstum ist gefordert, überall, denn die Alpenländer stehen in scharfer Konkurrenz untereinander um Menschen, um Märkte. Aus dem Klein Matterhorn soll ein Viertausender werden, ganz nach dem Motto: wir können auch, was die Natur uns vorgemacht hat, nur viel schneller. Andermatt, ein Dorf an der alten Gotthardstraße, steht geblendet vor der Milliardeninvestition eines ägyptischen CEO, in Bayern wird dafür ein »Risikobär« abgeschossen.

Naturnutzung oder Schutz der Natur? Die globale Klimaerwärmung lässt die Gletscher im Rekordtempo schmelzen, bringt – weil die Permafrostgrenze steigt – selbst das alpine Wahrzeichen schlechthin, das Matterhorn, zum Zerbröseln. Kunstschnee, energiefressend produziert, ersetzt die weiße Pracht unserer Kinderzeit. Und die Natur?

Sie ist auf dem Rückzug, dringend auf den Schutz jener angewiesen, die ihr so zusetzen.

Schützen statt zerstören, erhalten für künftige Generationen. Das hatten sich bereits die Gründerväter des Schweizerischen Nationalparks auf ihre Fahnen geschrieben, und es ist heute viel wichtiger, dringender als damals. Der Druck auf das Ökosystem nimmt mit jedem Hotelneubau, mit jedem Straßenkilometer, jeder Beschneiungsanlage zu.

Deshalb ist es so wichtig, dass Schutzzonen eingerichtet werden, Gebiete, in denen nicht gebaut, nicht gerodet wird, wo das Wild nicht geschossen und kein Pflänzchen gerupft werden darf. Wo der fast alles beherrschende Kommerzgedanke einer Ethik weichen muss, die Natur als kostbarer einstuft als ein dickes Bankkonto.

Überlebenskünstler: Steinbrech am Hochzinödl im Gesäuse

Vorwort

Es ist geradezu grotesk, dass die Schönheit der Alpen, ihre Einmaligkeit als Berglandschaft und Naturraum, in den letzten hundert Jahren dazu geführt hat, dass so sie dringend geschützt werden muss. Vor uns – von uns.

Es gibt mittlerweile dreizehn Nationalparks in den Alpen (und es dürften noch mehr werden) und dazu zahlreiche regionale Schutzgebiete. Doch reicht das aus?

Nationalparks sind auch Publikumsmagneten, mit dem Label wird um (noch mehr) Touristen geworben. Kann das gut gehen? Wohl nur dann, wenn wir lernen, den Schutzgedanken aus den Parks mitnehmen, ihn in unseren Alltag übertragen. Auch die Hecke im eigenen Garten ist ein Biotop, jeder Lebensraum, auch die Städte, in denen wir heute leben. Es genügt nicht, Reservate anzulegen, um die Natur zu retten, die Alpen zu erhalten. Der Schutz beginnt in unseren Köpfen, mit unser aller Einstellung. Da muss sich Grundsätzliches ändern.

Und dazu können die Nationalparks etwas beitragen. Wer Natur erlebt hat, wird sie schützen – hoffen wir.

Eugen E. Hüsler
und Bernd Ritschel

Leben im Kleinen

Totholz

Einleitung

Die Nationalparks der Alpen

Nur ein paar Jahre noch, dann darf der älteste der alpinen Nationalparks, der schweizerische, seinen hundertsten Geburtstag feiern: 2014. Und vielleicht wird dann Meister Petz wieder durch die Wälder zwischen dem Unterengadin und dem Val Müstair streifen, der Wolf endgültig zurück sein in Europas größtem Gebirge. Über dem Nationalparkhaus in Zernez wird die Schweizer Fahne flattern, während drinnen der Bundespräsident gerade feierlich eine Ausstellung über Mensch und Natur eröffnet.

Hundert Jahre

Da lohnt sich schon ein Blick zurück auf die Anfänge, auf eine Zeit, als auch in der Schweiz (fast) alles anders war als heute, die Industrialisierung zwar Wohlstand, aber auch Armut und Entwurzelung gebracht hatte. Als der Park am 1. August 1914 eröffnet wurde, war Autofahren in Graubünden noch verboten, arbeitete Einstein in Bern gerade an seiner Relativitätstheorie, es gab noch kein Radio im Land, dafür immerhin 15 Prozent Ausländer. Und der Alpentourismus war, auch dank eines forcierten Ausbaus des helvetischen Schienennetzes, bereits ein wichtiger Wirtschaftsfaktor. Als »Playground of Europe« hatte der Brite Sir Leslie Stephen die Alpen schon 1871 bezeichnet, als man noch mit der Kutsche über den St. Gotthard fuhr, die tragische Erstbesteigung des Matterhorns gerade sechs Jahre zurück lag. Vier Jahrzehnte später hatten große Ferienorte wie St. Moritz oder Davos bereits Bahnanschluss, das Reisen in die Schweizer Alpen wurde immer komfortabler, billiger und schneller. Doch auch damals schon gab es warnende Stimmen, die eine zunehmende Zerstörung der Bergwelt befürchteten. Zu ihnen zählten der renommierte Basler Naturforscher Paul Sarasin (1856 – 1929), der einer im Jahr 1906 gegründeten Naturschutzkommission vorstand, der aus Württemberg stammende Botaniker Carl Schröter und Johann Coaz, der Erstbesteiger des Piz Bernina (1850).

Anfänge

Der Naturschutzgedanke ist allerdings noch älter. Bereits um 1810 rief der englische Poet William Wordsworth zum Landschaftsschutz auf, wie zwei Jahrzehnte später der Indianermaler George Catlin. In den USA sollte 1872 auch weltweit der erste Nationalpark entstehen, jener von Yellowstone. Sieben Jahre danach wurde in Australien der Royal-Nationalpark eingerichtet, der kurioserweise auf dem Gebiet der heutigen Millionenstadt Sydney liegt. Zu seiner Gründung führten allerdings weniger Naturschutzüberlegungen als handfeste wirtschaftliche Interessen. Als in der Gegend große Kohlevorkommen entdeckt wurden, sorgten die politisch einflussreichen Minenbesitzer des Outbacks dafür, dass sie unantastbar blieben – als Nationalpark.

Der älteste europäische Nationalpark liegt in Schweden, er wurde 1909 eingerichtet. Heute gibt es weltweit über 2000 Nationalparks; in den Alpen sind es aktuell dreizehn.

Gerettete Natur?

Insgesamt stehen fast 7400 Quadratkilometer als Nationalparks unter Naturschutz, das entspricht etwa drei Prozent der Gesamtfläche der Alpen. Daneben gibt es zahlreiche regionale Schutzgebiete, die aber sehr unterschiedliche Standards aufweisen. Insgesamt dürfte knapp ein Sechstel der Alpen Schutzstatus in irgendeiner Form besitzen.

Erschreckende Zahlen

Dem steht eine fünfmal größere Fläche gegenüber, die sich schwersten und nachhaltigsten Eingriffen ausgesetzt sieht, durch Verkehr, Energiegewinnung, Zersiedlung, Massentourismus. Vergleicht man die aktuelle Situation mit jener von 1914, dem Gründungsjahr des ersten Nationalparks, wird deutlich, wie viel stärker bedroht das größte Gebirge Europas heute ist. Ein paar Zahlen: 1871 wurde am Rigi die erste Bergbahn eröffnet, heute gibt es alpenweit gegen 15 000 mechanische Aufstiegshilfen (85 % Skilifte); das jährliche Straßenverkehrsaufkommen liegt bei Privatfahrzeugen jenseits der 100-Milliarden-Kilometer-Marke (!), bei den Lastkraftwagen bei etwa sechs Milliarden Kilometern. Mit 120 Millionen Feriengästen und über 500 Millionen Übernachtungen pro Jahr sind die Alpen möglicherweise die größte Tourismusregion der Welt! Rund 50 Millionen Menschen wohnen in Alpennähe, was sie zu potenziellen Freizeitpendlern (Tagesausflüge, Wochenendreisen) macht; innerhalb der Alpen leben etwas über zehn Millionen Menschen. Doch während sich große Flächen, vorab der Süd- und Westalpen, mehr und mehr entvölkern, wachsen Ballungsräume wie Innsbruck oder Grenoble, hängt ein Zehntel der Alpengemeinden wirtschaftlich überwiegend bis fast ausschließlich vom Tourismus ab. Das dokumentiert ein wachsendes Ungleichgewicht, zeigt, wie sich die Schere zwischen prosperierenden und sterbenden Regionen immer weiter öffnet.

Naturschutz contra Naturnutz oder: politisches Wollen gegen wirtschaftliche Interessen. Wer sich eine Alpenkarte mit den Nationalparks anschaut, sieht gleich, woran die Schutzgebiete kranken: Sie sind zu kleinräumig, um wirklich Rückzugsgebiet und Lebensraum für bedrohte Tierarten zu sein, ihr Grundriss gleicht oft einem abgenagten Knochen – das Fleisch fehlt. Die Großglockner-Hochalpenstraße, ein »big point« des Alpentourismus, verläuft quer

Eis und Fels in den Hohen Tauern: der Großglockner, vom Großvenediger aus gesehen

Einleitung

Klettern vor einem fast grenzenlos weiten Horizont: in der Grivola-Ostwand

durch den »Nationalpark Hohe Tauern«. Da kommen sich zwischen Fusch und Heiligenblut Massentourismus (vor allem motorisierter) und Urnatur extrem nahe. Zu nahe?

Nationalparks sind auch Publikumsmagneten, was Vor- und Nachteile hat. Wer die Natur aufsucht, will zwar in aller Regel verstehen und lernen, ist offen für Ideen wie Nachhaltigkeit und möchte mithelfen, Natur »unberührt« zu erhalten, sie schützen. Doch die 150 000 Besucher, wie sie beispielsweise der Schweizer Nationalpark alljährlich verzeichnet (Tendenz steigend), hinterlassen mehr als nur ihre Fußspuren im Park. Noch ein Beispiel für diesen Interessenskonflikt: der Königssee mitten im »Nationalpark Berchtesgaden«, eine der meistbesuchten Sehenswürdigkeiten ganz Bayerns.

Die Alpenparks

Von den 13 Nationalparks liegen vier in Italien, drei in Frankreich, drei in Österreich und je einer in der Schweiz, in Deutschland und in Slowenien. Geplant sind weitere Schutzgebiete mit dem IUCN-Label der Kategorie II, in der Schweiz beispielsweise, wo das Projekt eines »Nationalparks Maggia« im Tessin schon ziemlich weit gediehen ist, oder in den Westalpen, wo aus dem französischen »Parc National du Mercantour« ein grenzüberschreitender Seealpenpark werden soll, unter Einschluss des aktuellen »Parco Naturale delle Alpi Marittime«.

IUCN

Nationalparks unterliegen strengen Schutzbestimmungen, die von der International Union for Conservation of Nature and Natural Resources (IUCN), einer 1948 gegründeten Naturschutzorganisation mit Sitz im schweizerischen Gland, festgelegt wurden. Zur Anwendung kommt ein 1978 entwickelter und 1994 überarbeiteter Kriterienkatalog, der insgesamt sechs Kategorien umfasst. Kategorie I (Wildnisgebiet, nur beschränkte Zugangsmöglichkeit) und Kategorie II entsprechen den Vorgaben für Nationalparks. Von allen alpinen Nationalparks erfüllt nur ein einziger, der Schweizerische Nationalpark, die Kriterien nach Kategorie I, alle anderen fallen in die Kategorie II. Hier stehen Schutz und Bewahrung der Bergwelt natürlich ebenfalls im Vordergrund; die Natur bleibt aber nicht sich selbst überlassen, sondern gezielte Eingriffe zu Wahrung oder Wiederherstellung des ökologischen Gleichgewichts sind erlaubt, in Grenzen auch eine wirtschaftliche Nutzung, etwa durch die Bergbauern oder Jäger. Zu den Zielen der Parks gehören weiter eine intensive Forschung und die Sensibilisierung der Besucher, also gezielte Öffentlichkeitsarbeit. Denn Natur verstehen kann nur, wer sie kennt, und Natur schützen kann nur derjenige, der sie erlebt hat, auch in den großen alpinen Nationalparks.

Einleitung

Schroffer Gipfel: Mont Tout Blanc

Einfach paradiesisch. Am Lago Leita im Gran Paradiso

1
Schweizerischer Nationalpark

Der älteste Park

Zauber der Berge. Blick vom Piz Palü in den Schweizerischen Nationalpark (links)
Kalte Berge, erster Schnee – am Munt Buffalora, unweit der Grenze zum »Stilfser-Joch-Nationalpark« (nächste Seite)

Die Felstürme von Margunet (oben)
Naturgewalt. Windwurf an der Ofenpassstraße (unten)
Am Rand des Nationalparks steht der Piz Daint im Val Müstair. (rechts)

1 Schweizerischer Nationalpark

Als Bub hatte ich eine recht romantische Vorstellung vom Nationalpark. Da wimmelte es nur so von wildem Getier, hinter den sieben Bergen waren Winnetou und Old Shatterhand in Sachen Minderheitenschutz unterwegs, und am höchsten Gipfel flatterte eine Schweizer Fahne. Bär und Wolf sind längst ausgerottet (doch vielleicht kehren sie demnächst zurück ...), und die Trapper heißen heute Capöl oder Da Porta; sie sorgen dafür, dass die strenge Parkordnung von den jährlich rund 150 000 Besuchern auch eingehalten wird.

Vom Munt Baselgia geht der Blick nach Westen hinauf ins Oberengadin.

Man kann ihn riechen, weithin sogar, den Rauch, der über dem Val S-charl hängt. Nein, der Bergwald brennt nicht – der beißende Brandgeruch stammt von den Kohlenmeilern, in denen Holzkohle erzeugt wird. Die wiederum dient der Verhüttung des Erzes, nach dem hier und anderswo im Unterengadin geschürft wird. Der Aufbau eines funktionierenden Meilers mit etwa 40 Klafter Holz (rund 120 Kubikmeter) ist harte Arbeit und dauert mehrere Tage. Und ist der Meiler erst einmal entzündet, muss der Brennvorgang laufend überwacht, die Luftzufuhr entsprechend reguliert werden, was viel Erfahrung voraussetzt. Hinterher wird der Meiler mit Wasser abgelöscht, die Holzkohle kann abtransportiert werden, hinunter ins Tal, ins Dorf.

Unberührte Natur?

Alltag eines Köhlers, damals. Heute erinnern nur noch einige Flurnamen wie Il Fuorn (der Ofen) an die brennenden Meiler, von denen allein im Gebiet des heutigen Nationalparks rund 80 nachgewiesen sind.

Bis ins 19. Jahrhundert war Holzkohle für die Verhüttung von Erzen und zur Glasherstellung unerlässlich. Der Rohstoff Holz war aber auch anderweitig begehrt, etwa für die Salzgewinnung in Hall in Tirol. So wurde der Inn zur echten Wasserstraße; das im Park geschlagene Holz reiste auf dem Wasser nach Landeck und weiter zum großen Rechen bei Hall, wo es eingesammelt wurde. Dabei

Der älteste Park

DATEN UND FAKTEN
Fläche: 170 km²
Eröffnet: 1. August 1914
Einstufung nach IUCN: Kategorie I
Tiefster Punkt: 1400 m (Val S-charl)
Höchster Punkt: 3174 m (Piz Pisoc)
Gesteine: Dolomit
Naturraum: 28 % Wald, 21 % alpiner Rasen, 51 % Fels, Geröll
Ortschaften in Parknähe: S-chanf, Zernez, Lavin, Scuol, S-charl
Benachbarte Schutzgebiete: Stilfser-Joch-Nationalpark (im Süden), Biosphärenreservat Val Müstair (südöstlich)

kam es in der ersten Hälfte des 19. Jahrhunderts zu einem regelrechten Kahlschlag, als allein im Spöltal geschätzte 120 000 Kubikmeter Holz gefällt wurden. Zum Vergleich: Vor fünfzig Jahren betrug der Holzvorrat dieses Gebietes 94 000 Kubikmeter.

Als 1914 dann der »Schweizerische Nationalpark« eingeweiht wurde, hatte die Natur ein paar Jahrhunderte intensiver Nutzung hinter sich, war der Wald stark dezimiert, der letzte Bär seit zehn Jahren tot (in S-charl geschossen), der Steinbock ausgerottet, waren die großen Greifvögel verschwunden.

Mittlerweile hat sich der Wald weitgehend erholt, ja, er prägt zusammen mit den schroffen Dolomitgipfeln sogar das Landschaftsbild, auch wenn ihm Wickler, Borkenkäfer, Lawinen und Stürme immer wieder zusetzen. Doch die Natur bleibt im Park sich selbst überlassen, weder Holzeinschlag noch Almwirtschaft sind erlaubt; Totholz liegt, wo es gefallen ist, wie etwa nach dem verheerenden Lawinenwinter vor zehn Jahren.

Betreten verboten!

Im Gegensatz zu allen anderen alpinen Nationalparks darf das Schutzgebiet lediglich auf wenigen markierten Wegen besucht werden – und die Einhaltung dieser rigiden Einschränkungen wird auch überwacht. Nur ein Dreitausender des Nationalparks (und es gibt davon über dreißig) wurde zur Besteigung freigegeben, allerdings bloß über eine genau festgelegte Route: der Piz Quattervals (3165 m). Er besteht – wie die meisten Gipfel des Nationalparks – aus »Engadiner Dolomit«, gelbgrauen, sehr brüchigen Sedimenten, die zu bizarren Felsformationen verwittern und in den Hochtälern riesige Geröllteppiche ablagern. Das kalkreiche Gestein ist idealer Nährboden für eine artenreiche Flora. Nicht weniger als 650 verschiedene Pflanzenarten wurden auf dem Terrain des Parks nachgewiesen. Bekannte Vertreter der Alpenflora sind Edelweiß, Kohlröschen, Alpen-Mannsschild sowie die verschiedenen Enziane. Ihr Siedlungsraum ist so unterschiedlich wie ihre Überlebensstrategien: Der Rhätische Alpenmohn beispielsweise, der nur östlich des Inns vorkommt, wächst auf steilen Schutthängen, also in einer überaus lebensfeindlichen Umgebung. Seine extrem langen Pfahlwurzeln versorgen ihn mit Wasser und Nährstoffen.

Größer? Größer!

Vor fünfzehn Jahren kam erstmals die Idee auf, den Park zu vergrößern; dazu hätten Anrainergemeinden Boden an den Park abtreten müssen. Geplant war ein Kerngebiet von etwa 200 Quadratkilometern, dazu eine Randzone, in der eine nachhaltige Nutzung durch Landwirtschaft und Tourismus möglich sein sollte. Das Echo war sehr geteilt; während eine Volksabstimmung in Lavin positiv verlief und das Seenplateau von Macun – ein echtes Landschaftsjuwel – in den Nationalpark eingegliedert wurde (1997), verwehrte Zernez eine Erweiterung auf seinem Gemeindegebiet.

Ein Haus für den Park

Ein anderes Unterfangen dagegen konnte verwirklicht werden: Im Sommer 2008 öffnet das neue Nationalparkzentrum in Zernez seine Pforten. Der schlicht wirkende Betonbau, errichtet nach Plänen des Graubündner Architekten Valerio Olgiati, beherbergt in vier großen Räumen eine permanente Ausstellung mit den Themenschwerpunkten Naturkräfte, Mensch und Natur, Zukunftsgestaltung. Eine Multivisionsschau stimmt auf das Thema ein, macht den Park als Lebens- und Erlebnisraum sichtbar.

1 Schweizerischer Nationalpark

Herbe Berglandschaft im Schweizerischen Nationalpark

Ab und zu auf Besuch im Park: der Braunbär

Unterwegs im Park

Ein paar Wolkenfetzen hängen noch an den Felsen, aus den Bäumen tropft es, ein kühler Wind bläst vom Inn herauf. Meteo-Schweiz verspricht aber viel Sonne und »in 2000 Metern Höhe Temperaturen bis 12 Grad«. Das passt uns, denn wir wollen recht hoch hinaus, über den Murtergrat ins Val Cluozza, wo eine der beiden Unterkünfte im Nationalpark steht, die Chamanna Cluozza. Erst einmal geht's aber bergab, auf der markierten Route vom Parkplatz an der Ofenpassstraße zur Spölbrücke, die den Bach wenig oberhalb des Stausees überquert. Er wurde – gegen Widerstand aus Naturschutzkreisen – 1968 im Zusammenhang mit dem Lago di Livigno angelegt, um mit (billigem) Nachtstrom (teuren) Tagstrom zu erzeugen. Im Lauf der Jahre zeigte sich, dass die dem Spöl zugestandenen Restwassermengen zu gering waren, der Bach mehr und mehr »vertümpelte«. Seit ein paar Jahren versucht man, mit kurzzeitigen künstlichen Hochwassern eine ökologische Verbesserung zu erzielen – weltweit einmalig bisher und mit einigem Erfolg. Beim Anstieg nach Murter genießt man dann schöne Tiefblicke auf das milchiggrüne Gewässer. Der Weg ist eine endlose Abfolge von Links- und Rechtskehren – da kann man leicht ins Schnaufen geraten.

Ameisen, Häher und Marmottas

»Weißt du übrigens«, sagt Hildegard, während wir am Plan dals Poms gemeinsam einen Apfel essen, »dass Ameisen gegen Atembeschwerden helfen?« Ich gucke ungläubig – an ein paar stattlichen Haufen sind wir vorbeigekommen.
»Du musst mit der Handfläche sanft über den Ameisenhaufen streichen. Die Tiere sondern als Abwehrreaktion ein Sekret ab, das du riechen kannst. Und diese Substanz soll reinigend auf die Atemwege wirken.« Ob's wahr ist?
Hildegard kennt sich aus mit Tieren, großen wie kleinen. Sie hat auch einen Tannenhäher entdeckt, drunten im Wald. Nicht ganz zufällig ziert der Vogel mit dem auffällig kräftigen Schnabel das Signet des Parks. Seine ungewöhnliche Ernährungsstrategie ist ein schönes Sinnbild für das Zusammenleben in der Natur. Tannenhäher ernähren sich von den Samen der Arve (Zirbelkiefer), die sie aus den Zapfen picken. Im Herbst legen die Vögel einige tausend Verstecke als Wintervorrat an, und erstaunlicherweise finden sie die meisten später wieder unter dem Schnee (wie sie das schaffen, ist bis heute ungeklärt); aus manch anderen sprießen junge Arven.
Oben am Murtergrat (2545 m) wachsen keine Bäume mehr, dafür wohnen hier ein paar Großfamilien: Murmeltiere, rätoromanisch *marmottas*. Sie wirken nicht gerade scheu, und es dauert eine Weile, bis wir entdeckt sind und ein erster Pfiff Gefahr signalisiert. Die kommt in aller Regel nicht von unten, sondern aus der Luft. Denn die putzigen Nager sind bevorzugte Beute des Steinadlers; sie decken fast die Hälfte seines Nahrungsbedarfs. Im Winter muss sich der Greifvogel allerdings stark umstellen, denn dann ernährt er sich weitgehend von Aas.

Gypaetus barbatus

So überlebt auch der Bartgeier, weshalb er des Öfteren auch als »Gesundheitspolizist« bezeichnet wird. Früher wurde dieser größte Greifvogel Europas mit einer Flügelspannweite von zweieinhalb Metern als ein übler Räuber (»Lämmergeier«) verleumdet und bis zur Ausrottung gejagt. In seinem Buch über »Das Thierleben der Alpenwelt« schrieb Friedrich von Tschudi, dass »im Urnerlande noch 1854 eine Frau lebte, die als Kind von einem Lämmergeier entführt worden war. In Hundwyl (Appenzell) trug ein solcher verwegener Räuber ein Kind vor den Augen seiner Eltern und Nachbarn weg.« Armer Aasfresser ...
1991 startete der Parc Naziunal ein Auswilderungsprogramm, und heute kann man mit etwas Glück den unvergleichlichen Gleiter im Himmel über dem Park beobachten.

Der Bär ist los!

Auch ein anderer Bewohner der Bündner Alpen ist offensichtlich auf dem Weg zurück in seine alte Heimat: der *Ursus arctos*. In den letzten Jahren wurden wiederholt Bären auf Streifzügen im Unterengadin und im Nationalpark gesichtet, was allerdings weit weniger Hektik auslöste als jener »Bruno«, der in Bayern erst herzlich begrüßt, dann gejagt und schließlich abgeschossen wurde. Es dürfte sich um Tiere aus dem Naturpark Adamello-Brenta im italienischen Trentino handeln.

Capra ibex

Wir sitzen oben am Murtergrat und schauen einem Gämsrudel zu, das in den Flanken des Piz Terza äst. Rund tausend dieser scheuen Kletterer leben heute im Park; sie waren auch früher nie gefährdet. Ganz im Gegensatz zum Steinbock, dem Wappentier Graubündens, das bereits um die Mitte des 17. Jahrhunderts ausgerottet wurde. Die Wiederansiedlung im Park mit der Zucht aus dem Tierpark in St. Gallen (vgl. Seite 157) zeigte Erfolg: Mittlerweile zählt man zwischen 250 und 450 Tiere. In harten Wintern wie 1999 und 2001 kommen allerdings viele Steinböcke in Lawinen ums Leben.

Dinospuren

Vom Murtergrat genießt man freie Sicht auf den Piz Quattervals und in drei Täler, die sich zum Val Cluozza hin öffnen. Eines von ihnen, mit dem wenig anheimelnden Namen Val dal Diavel (Teufelstal), birgt eine echte Sensation: rund 220 Millionen Jahre alte

Der Tantermozza-Grat und der Piz Quattervals vom Munt Baselgia

Schweizerischer Nationalpark

Dinosaurierspuren. Es handelt sich um Trittsiegel verschiedener Tiere, insgesamt mehr als ein Dutzend bis zu 32 Meter lange Fährten, die kreuz und quer über eine mächtige, steilgestellte Felsplatte in der Westflanke des Piz dal Diaval verlaufen. Eine von ihnen konnte recht zuverlässig einem Prosauropoden zugeordnet werden, einem fünf bis acht Meter langen, vermutlich Pflanzen fressenden Dinosaurier, der in der späten Trias weltweit vorkam. Andere Spuren könnten von einem Theropoden stammen, einem gefährlichen Räuber.

Val Trupchun

Das Teufelstal ist für Parkbesucher tabu; ein markierter Weg führt von der Chamanna Cluozza über die Fuorcla Val Sassa (2857 m) ins westlich benachbarte Val Trupchun. Dieses gilt als »Arena der Hirsche«, und während der Brunftzeit (Ende September/Anfang Oktober) vernimmt man hier nicht nur unmelodisches Röhren, sondern kann mit etwas Glück auch männliche Tiere bei ihren Rangkämpfen beobachten – ein echtes Spektakel.

Hirsche finden im Nationalpark ideale Lebensbedingungen: ausgedehnte Wälder, große Ruhezonen, keine natürlichen Feinde. Das hat zu einem extremen Anwachsen der Population geführt (1979 zählte man rund 2400 Hirsche), dass man sogar innerhalb des Parks die Jagd eröffnete.

Die Hirsche leben höchstens fünf Monate innerhalb des Parks; nach der Brunft wandern sie ab und überwintern an Sonnenhängen des Engadins, im Val Müstair und im Vinschgau.

Parknachbarn

Südlich grenzt der Parc Naziunal an den »Nationalpark Stilfser Joch«, wo man übrigens ganz ähnliche Probleme mit einem viel zu großen Hirschbestand (vgl. Seite 130) hat. Und jenseits des Ofenpasses (Pass dal Fuorn, 2149 m) wartet das Projekt »Biosfera Val Müstair« auf sein UNESCO-Label. De facto würde damit die alte Idee eines größeren Parks mit Kern- und Randzone doch noch Wirklichkeit. Eine Abstimmung im Tal ergab 2005 eine überwältigende Mehrheit für das Schutzgebiet.

Ausblicke

Wir steigen ab ins Tal, nach Zernez; es ist schon spät am Nachmittag und die tief stehende Sonne taucht die ebenmäßige Pyramide des Piz Linard (3411 m) in ein sattes Licht. Der Park liegt hinter uns. Ein roter Zug der Rhätischen verlässt den Bahnhof nach St. Moritz. Wir überqueren den Spöl und spazieren dann hinein ins Dorf, wo neben dem historischen Bau des Schlosses Planta-Wildenberg ein schlichter weißer Bau steht – das neue Parkhaus, als Versprechen für die Zukunft: Mensch und Natur im Einklang?

Hirsche im Val Trupchun

Der älteste Park

Mit seinen ausgedehnten Wäldern ist das Val Trupchun ein idealer Lebensraum für Hirsche.

Ein beliebtes Wanderrevier: das Val Trupchun (oben)
Seit ein paar Jahren gehört die Seenplatte von Macun zum Nationalpark. Im Hintergrund der westliche Vorgipfel des Piz Nuna (nächste Seite)

Schweizerischer Nationalpark

ENTDECKEN UND ERLEBEN – zu Fuß unterwegs im Nationalpark

Hirschbrunft
Das Val Trupchun wurde auch schon einmal als »Serengeti des Engadins« bezeichnet. Auf einer Wanderung in das westlichste Tal des Nationalparks stehen die Chancen denn auch gut, dass man Hirsche, Steinböcke und Murmeltiere beobachten kann. Besonders spektakulär sind die Rangkämpfe während der Hirschbrunft.
S-chanf (1662 m) – Prasüras – Alp Trupchun (2040 m), 3 Stunden.

Vom Spöl zur Ova da Cluozza
Viel Auf- und Abstieg, aber auch herrliche Gebirgsbilder bietet diese Tagestour. Im Bereich des Murtergrats kann man Murmeltiere und Steinwild beobachten und mit einem guten Fernglas von der Chamanna Cluozza aus sogar die Dinosaurierspuren im Val dal Diavel ausmachen. Die Kammhöhe bietet eine schöne Aussicht über den Nationalpark.
Ofenpassstraße (Parkplatz 3) – Murter (2545 m) – Chamanna Cluozza (1882 m) – Zernez, 7 Stunden. Trittsicherheit erforderlich.

Gneis statt Dolomit
Erst seit August 2000 gehört die Seenplatte von Macun zum Nationalpark: ein echtes Landschaftsidyll mit 15 kleinen Seen und Lacken, umrahmt von dunklen Felsgraten. Diese bestehen hier nicht aus splitterigem Dolomit, sondern aus blockigem, vom Gletschereis geschliffenem Gneis. Interessante Flora auf kristallinem Untergrund, Vorkommen des Pyrenäen-Hahnenfuß (*Ranunculus pyrenaeus*). Recht lange, anstrengende Wanderung ohne Stützpunkt unterwegs; bis in den Sommer hinein Altschnee im Bereich der Seenplatte.
Zernez (1472 m) – Munt Baselgia (2945 m) – Macun – Lavin (1472 m), 7.30 Stunden. Weiß-rot-weiß markierter Weg; Ausdauer erforderlich.

Wo der Geier brütet
Im Val da Stabelchod werden seit 1991 Bartgeier ausgewildert; in den Felsen über dem Tal brütet ein Paar. Im Tal kann man auch Murmeltiere beobachten, von Margunet bietet sich eine schöne Aussicht (Naturlehrpfad).
Il Fuorn (1794 m) – Stabelchod (1958 m) – Margunet (2328 m) – Val dal Botsch – Il Fuorn, 3.30 Stunden.

Aussicht
Die wohl umfassendste Rundschau über den Park, seine riesigen Wälder und die zerklüfteten Dolomitgipfel bietet der Munt la Schera. Auf dieser Rundwanderung kommt man an alten Bergwerksstollen vorbei (geologischer Lehrpfad).
Buffalora (1968 m) – Alp Marangun (2194 m) – Munt la Schera (2586 m) – Alp la Schera (2091 m) – Il Fuorn (1794 m), 5 Stunden. Leichte Rundwanderung, den Gipfel kann man auch auslassen.

Alte Stollen, Hirsche, Murmeltiere und ein historisches Gemäuer
Beliebte Wanderung vom Val Minger ins Val Plavna (das bereits außerhalb des Parks liegt). Am Weg hinauf zum Joch Sur il Foss kann man meistens Tiere beobachten (Hirsche, Murmeltiere); den Abstieg durchs Val Plavna begleiten riesige Schuttströme. Und im Tal kommt man unmittelbar an Schloss Tarasp vorbei, das auf einem Felsbuckel thront und sich sehr wehrhaft gibt. Es geht im Kern auf das Mittelalter zurück, wurde später aber stark umgebaut (Führungen). Val S-charl – Sur il Foss (2317 m) – Scuol (1244 m), 6 Stunden. Ordentliche Wege.

UNESCO-Weltkulturerbe
Es liegt zwar außerhalb des Nationalparks, aber innerhalb der geplanten »Biosfera Val Müstair«: das Benediktinerinnenkloster St. Johannes Baptist in Müstair. Einzigartig sind die gut erhaltenen karolingischen Wandmalereien (um 800). Das Klostermuseum zeigt Dokumente zur Klostergeschichte und sakrale Kunst.

INFOS
Besucherzentrum Schweizerischer Nationalpark: CH-7530 Zernez; Tel. +41/(0)81/851 41 41, www.nationalpark.ch (geöffnet Juni bis Oktober 8.30–18 Uhr, im Winter kürzere Öffnungszeiten)
Museum Schmelzra mit Bärenausstellung: in S-charl, 12 km ab Scuol, Postbus (geöffnet Juni bis Oktober, Di–Fr und So 14–17 Uhr)

Der Winter ist nicht mehr fern. Herbstliche Impressionen am Munt Baselgia (oben)
Er kennt seinen Nationalpark, der Exkursionsleiter Peter Roth. (rechts)

2

Nationalpark Berchtesgaden

Der bayerische Park

Zwei Parklandschaften, eine Idee: Natur schützen. Blick von der Reiteralpe in die Hohen Tauern (links)
Immer wieder faszinierend sind Begegnungen mit frei lebenden Tieren. Im Bild eine Gämse auf der Reiteralpe (nächste Seite)

Verzauberte Felsen. Der Watzmann vom Hohen Göll aus gesehen (oben)
Faszination Natur. Gräser (unten), ein kunstvoll gewobenes Netz (rechts)

Nationalpark Berchtesgaden

Deutschlands einziger Alpen-Nationalpark zeigt auf 200 Quadratkilometern Fläche die ganze Vielfalt der Nördlichen Kalkalpen. Im Mittelpunkt steht der Watzmann, mit seiner gigantischen Ostwand und den zahlreichen Nebengipfeln fast schon ein Gebirge für sich; ihm zu Füßen liegt der acht Kilometer lange Königssee. Wälder und Almen bilden das Vor- und Mittelgebirge, sind Lebensraum für eine artenreiche Pflanzen- und Tierwelt. Ausgesprochen lebensfeindlich zeigen sich dagegen die riesigen, von Wind und Wetter gezeichneten Karstplateaus des Steinernen Meers und des Hagengebirges. Natur in (fast) all ihren alpinen Facetten – hier kann man sie erleben, zu Fuß, Schritt für Schritt.

Von oben herab: St. Bartholomä und der Königssee aus der Watzmann-Ostwand

Das Boot gleitet ohne Antrieb übers Wasser, zerteilt es und hinterlässt eine schöne, symmetrische Wellenspur auf dem See, die in wenigen Minuten das Ufergras unter dem Echo-Felsen zum Schaukeln bringen wird. Der Sommer ist vorbei, die Wälder an den Steilflanken über dem Königssee verfärben sich bereits und der Himmel zeigt das tiefe Blau dieser herbstlichen Jahreszeit. Im Schiff, wo alles den Auftritt des Echo-Trompeters erwartet, ist es ganz still. Was für ein Kontrast zu dem Gewusel am Abfluss des Königssees, wo der Bär tobt, nicht wörtlich, aber zumindest der Kommerz, wo's Kitsch und Käs' gibt (als Spatz'n), das Bier fließt und die Lederhose sich über stattlichen (und nicht nur bayrischen) Bäuchen spannt.

Des Königs See

Auf dem See schallt das Echo zurück, und bevor das Schiff in St. Bartholomä anlegt, sind auch die Trinkgelder fürs schöne Musizieren eingesammelt (das 2007 wegen eines Streits zwischen der Bayerischen Seeschifffahrt und ihren Angestellten kurzzeitig entfiel). Ganz langsam schiebt sich eine der großen Attraktionen der Bayerischen Alpen ins Blickfeld: der Watzmann (2713 m). Er ist das »steinerne Kapital« des Berchtesgadener Landes, seinetwegen kommen viele hierher, und passenderweise ragt er mit seiner berühmt-berüchtigten Ostwand auch gleich über dem »schönsten Fjord der Alpen«, dem Echo-, pardon: Königssee in den Himmel. Über dessen

Der bayerische Park

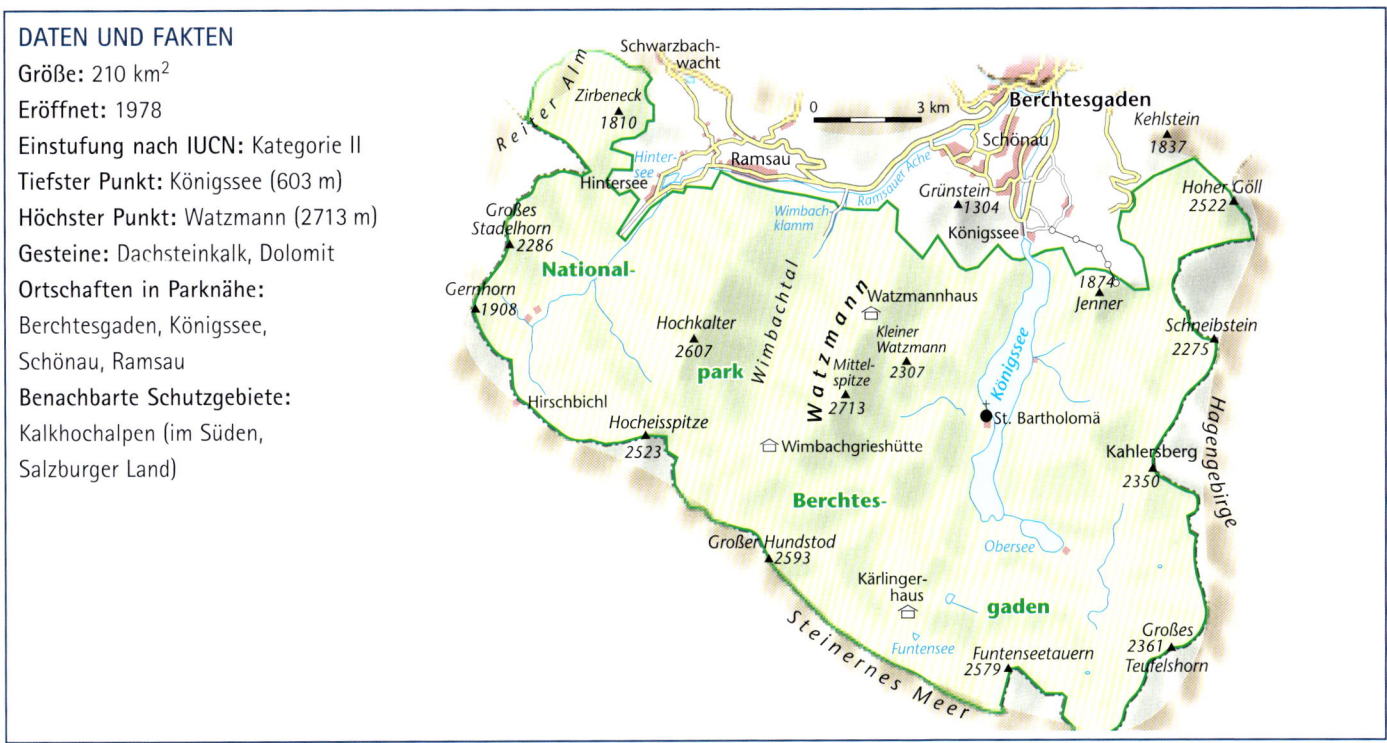

DATEN UND FAKTEN
Größe: 210 km²
Eröffnet: 1978
Einstufung nach IUCN: Kategorie II
Tiefster Punkt: Königssee (603 m)
Höchster Punkt: Watzmann (2713 m)
Gesteine: Dachsteinkalk, Dolomit
Ortschaften in Parknähe:
Berchtesgaden, Königssee,
Schönau, Ramsau
Benachbarte Schutzgebiete:
Kalkhochalpen (im Süden,
Salzburger Land)

Vergangenheit kann man in einer Broschüre der Nationalparkverwaltung nachlesen: »Das Königsseetal entstand entlang einer Bruchzone im Fels. Ein Fluss grub sich ein und schuf zunächst ein v-förmiges Tal. Während der Eiszeiten erhielt es dann seine heutige Gestalt. Ein bis zu 1000 Meter mächtiger Gletscher, der sich bis weit ins Alpenvorland erstreckte, hobelte ein U- oder Trogtal mit einem 200 Meter tiefen Becken aus. Dieses füllte sich nach dem Abschmelzen des Gletschers mit Wasser; ein großer, zusammenhängender See entstand. Ein nochmaliger kleiner Gletschervorstoß gegen Ende der letzten Eiszeit schuf die Endmoräne, die noch heute den Obersee vom Königssee trennt. Die großen Felsblöcke am Weg zwischen den beiden Seen stammen von einem Felssturz des Jahres 1172.«

Weiter erfährt der Leser, dass der Königssee zu den saubersten Gewässern Deutschlands gehört und dass die Passagierschiffe bereits 1909 mit Elektromotoren ausgerüstet wurden. Im kühlen Wasser, das seine grüne Farbe gelösten Kalkteilchen verdankt, die das einfallende Sonnenlicht brechen, leben zahlreiche, zum Teil selten gewordene Fischarten wie der Seesaibling und die Seeforelle, aber auch Barsch und Hecht.

Den Weg übers Wasser wählen übrigens nicht nur Touristen; zweimal in Jahr reist auch das Vieh auf dem Königssee – im Juni zu den Almweiden, und im Herbst geht's wieder zurück ins Winterquertier, dann festlich bekränzt.

Berg-Geschichten

Der Watzmann ist das Wahrzeichen des Berchtesgadener Landes und auch des gleichnamigen Nationalparks: ein Berg von gewaltigen Ausmaßen, mit seinen »Kindern« eine ganze (Gipfel-)Familie. Die dazu passende (traurige) Sage gibt's natürlich auch, und sogar eine wilde Rockposse: »Der Watzmann ruft.« Wolfgang Ambros, der sie in den 1970er-Jahren schrieb, ist Wiener und war nie auf »seinem« Berg.

Der Watzmann hält's leicht aus, zumal ihm der moderne Tourismus nicht allzu nahe gerückt ist. Ganz anders als drüben im Wetterstein, wo die Zugspitze (nomen est omen!) ihre Bahnen bekommen hat, blieb der Watzmann von solch technischen »Annäherungen« verschont. Projekte gab es allerdings bereits früh; vor vierzig Jahren sollte das Watzmannkar für den Skilauf erschlossen werden. Der damalige Berchtesgadener Bürgermeister, Martin Beer, erhoffte sich wohl ein großes Geschäft und behauptete schlicht, »er sehe bei den Bahnen nicht den geringsten Eingriff in die Natur«. Argumente, Formulierungen, die dem Bergsteiger und Naturfreund irgendwie ganz aktuell vorkommen …

Für einmal siegte der Schutzgedanke übers Profitdenken; heute bildet der Watzmann das Herzstück des einzigen alpinen Nationalparks Bayerns. Und wer hinauf will zum Gipfel, muss – wie vor hundert Jahren – ganz unten starten, im Tal: 2000 Höhenmeter und mehr werden allen abverlangt, egal, ob sie den Normalweg nehmen oder sich an der Ostwand versuchen – einmalig bei einem Gipfel, der direkt im Ausflugsbereich des Alpenvorlands und seiner Städte liegt!

Der Erste

Der Normalweg, weit, aber nicht gerade anspruchsvoll, verläuft über die zum Hocheck ansteigende Nordflanke des Massivs; er ist identisch mit der Route des Erstbesteigers. Der kam aus dem fernen Slowenien (das damals noch zur Donaumonarchie gehörte), war Geistlicher und ein vielseitig gebildeter Mann: Valentin Stanič (1774–1847). Ludwig Purtscheller bewunderte ihn als ersten füh-

Nationalpark Berchtesgaden

Unterwegs in der Watzmann-Ostwand, am »Berchtesgadener Weg«

rerlosen Hochtouristen. Stanič, nach dem im Triglavmassiv eine Berghütte benannt ist, hinterließ eine ausführliche Beschreibung seiner Watzmanntour vom Sommer 1800: »Schon der Anfang war böse; denn ich musste über eine große steile Platte hinabglitschen, an deren Ende mich nur ein sehr kleiner Vorsprung vom Sturze in die unermessliche Tiefe errettete. [...] Ich überstieg eine gefährliche Stelle, eine Kluft nach der andern; dachte auf besser werden und es kam nur Schlimmes nach. Bald musste ich mich auf einem schneidigen Rücken sitzend weiter bewegen, bald wie in Lüften schwebend an steilen Wänden dahinklettern. [...] Oft brauchte es beinahe übermenschlichen Muth, um nicht ein Raub der Zaghaftigkeit zu werden; denn meistens musste ich auf den scharfen Rücken auf allen 4 dahinkriechen, wo links und rechts tausendfach verderbender Abgrund war.«

Der Kederbacher und die große Wand

Er bezwang den Gipfel trotz all der Gefahren, und Stanič's Weg sollte für lange der einzige an dem großen Berg bleiben. An eine Durchsteigung der Ostwand dachte damals noch niemand. Was leicht nachzuvollziehen ist, wenn man in diese monumentale, 1800 Meter hohe Mauer schaut, ihre Gräben und Rinnen absucht, die markanten, nach links ansteigenden Bänder; das Auge wandern lässt über all die Absätze, Aufschwünge und Rippen. Ein vertikales Labyrinth, in dem sich auch gute Alpinisten verlaufen können. Das ist schon vielen passiert, und öfters endeten Durchsteigungsversuche tragisch oder musste zumindest die Bergwacht ausrücken. Letztere gab's natürlich noch nicht, als Johann Grill, der »Kederbacher«, zusammen mit Otto Schück 1881 die Ostwand zur Mittelspitze des Watzmanns durchstieg: eine epochale Tat!

Das Haus am Berg

Der »Kederbacher«, den Karl Blodig einmal als »Fürst im Bauernkleid« bezeichnete (was für ein schönes Kompliment!), war der erste autorisierte deutsche Bergführer und später dann auch erster Wirt auf dem im Jahr 1888 eröffneten Watzmannhaus. Es »enthielt Wirthschaftsraum, Küche, Keller und Raum zum Uebernachten für vorläufig 25 Personen«. Die Hütte wurde später wiederholt erweitert und umgebaut und bietet mittlerweile entschieden mehr Komfort, ist aber dennoch ein richtiges Bergsteiger-Refugium geblieben. Versorgt wird es übrigens nicht etwa aus der Luft, wie man bei den doch recht vielen Hubschrauberflügen innerhalb des Parks vielleicht annehmen könnte. Die gehen auf das Konto der Bundeswehr, die hier über ein Dutzend Landeplätze besitzt und Übungsflüge rund um den Watzmann unternimmt – was immer wieder für Irritation sorgt. Des Weiteren führt die Truppe im Park auch so genannte Leistungsmärsche durch, vor allem im Sommer. Der offizielle Nationalparkplan von 2001 hält allerdings fest, dass »die Aktivitäten von Bundeswehr und Bundesgrenzschutz innerhalb des Nationalparks hinsichtlich ihrer Auswirkungen diejenigen der fußläufigen Erholung nicht überschreiten sollen«.

Zu Fuß den Park erleben

So machen wir uns als Wanderer zu dieser ganz besonderen Art der naturnahen Erholung auf. Einer der schönsten Wege führt von der Mittelstation der Jenner-Seilbahn südlich über die Mittelgebirgsterrasse zur Gotzenalm. Nur wenig oberhalb genießt man vom Feuerpalfen (1741 m) einen Kaiserblick auf den Königssee und die Watzmann-Ostwand. Vergleichbar packende Szenerien bietet die von Salet am Südufer des Königssees ausgehende große Runde über die Röth und das Halsköpfl (1719 m). Im Gebiet der Röth wurden 1937 Steinböcke angesiedelt. Die zwischen 60 und 80 Tiere umfassende Kolonie – die einzige des Parks – lebt heute in den Hochkaren des Hagengebirges zwischen dem Kahlersberg und den Teufelshörnern (2361 m).
Mit etwas Glück kann man bei Parkwanderungen den »König der Lüfte« beobachten, der hier einige Brutplätze hat, u. a. am Hohen Göll, im Wimbach- und im Klausbachtal. Gelegentlich gesichtet werden im Park auch schon Gänse- und Bartgeier.

Eine grandiose alpine Landschaft erlebt der Wanderer bei einem »fußläufigen« Abstecher ins Wimbachtal. An seiner Mündung zu einer Klamm verengt, weitet es sich hinter dem Wimbachschloss mehr und mehr. Ganz typisch für das Talinnere sind die mächtigen Geröllströme, die hier Gries heißen. Sie ziehen aus den zerklüfteten, aus Dolomit bestehenden Flanken des Watzmann- und des Hochkaltermassivs herab. Auf den großflächigen Schuttmassen siedeln vor allem so genannte Pionierpflanzen, die über tief reichendes Wurzelwerk verfügen, wie beispielsweise das Gemeine Brillenschötchen. Eine botanische Rarität des Wimbachgrieses ist die Spirke, eine aufrecht wachsende Form der Latsche, die bis zu acht Meter hoch werden kann; sie hat sich gut an die extremen Standortverhältnisse angepasst.

Park-Geschichte

Der Gedanke, in den Berchtesgadener Alpen ein Schutzgebiet einzurichten, ist schon alt. Bereits im Jahr 1910 wurde eine Fläche von gut 80 Quadratkilometern im südöstlichen Teil des heutigen Parks als »Pflanzenschongebiet Berchtesgadener Alpen« ausgewiesen. Als im Ersten Weltkrieg nationalistische Kreise die absurde Idee lancierten, in die Felsen am Königssee einen riesigen bayerischen Löwen einzumeißeln, kam es zu heftigen Protesten, auch vom Bund Naturschutz, was schließlich 1924 sogar in eine erhebliche Erweiterung der ursprünglichen Schutzzone mündete. Aber erst gut ein halbes Jahrhundert später wurde aus dem »Naturschutzgebiet Königssee« ein Nationalpark. Seither wird immer mal wieder über Schutz und Nutzung, auch über Zuständigkeiten und Kompetenzen gestritten, doch genießt der Park mittlerweile eine gute Akzeptanz bei der einheimischen Bevölkerung.

Ein Meer aus Stein

Der Fels ist blendend weiß, er wirkt wie abgenagt, mit scharfen Kanten, Löchern und Rillen: Karst. Wind und Wetter haben hier ganze Arbeit geleistet, den Dachsteinkalk des welligen Hochplateaus in eine Wüste verwandelt, in ein zu Stein erstarrtes Meer. Nur anderthalb Kilometer tiefer, rund um den Königssee, grünt es, weidet das Vieh auf satten Wiesen. Was für ein Kontrast! Fünf Wanderstunden reichen (so hat es jemand formuliert) für den kürzesten Weg zum Mond. Ich will nicht ganz so weit, bloß zum Ingolstädter Haus. Rot-weiß-rote Markierungen sind meine einzige Orientierungshilfe: Nebel. Er liegt wie eine graue Decke über dem weißen Stein, verschluckt alles, was weiter als 50 Meter entfernt ist. Pech, dabei haben die Meteorologen mir einen Traumtag versprochen.

Ich tappe weiter, immer nach den Farbtupfern guckend – da reißt es auf, Nebel wabert, lässt, zaghaft erst, Blau durchscheinen. Wie

Oben! Am Gipfel des Watzmanns

Nationalpark Berchtesgaden

Der nördlichste Gletscher der Alpen: das Blaueis am Hochkalter

im Zeitraffer ziehen sich die weißen Schwaden zurück, Landschaft taucht auf, felsige Kuppen werden sichtbar, der Horizont füllt sich mit Bergen. Ein Blick auf die Uhr, dann zur Sonne, und die Himmelsrichtungen sind zurück. Die (imaginäre) Kompassnadel weist nach Norden, auf einen mächtigen Berg, den größten hier: zum Watzmann. Seine Ostwand ist aus meiner Perspektive mehr zu erahnen als zu sehen, der lange, hohe Grat von der Schönfeldschneide bis zum Nordgipfel extrem verkürzt.

Nördlich unterhalb des Steinernen Meers, am Weg vom Königssee herauf, steht das Kärlinger Haus, ein beliebter Tourenstützpunkt. Und nur ein paar Meter tiefer liegt in einer Karstmulde ein Gewässer, das regelmäßig für Superlative sorgt: der kleine Funtensee (1601 m), Deutschlands Kältepol. An Weihnachten 2001 wurden sagenhaft eisige –45,9 ° Celsius gemessen!

Auch hoch: Kalter und Göll

Neben dem Watzmann ist der Hochkalter (2607 m) der schönste Gipfel des Nationalparks, und bei einer Anreise über die »Deutsche Alpenstraße« stiehlt der formschöne Berg, zwischen dessen langen, nach Norden gerichteten Graten das Blaueis – der nördlichste Alpengletscher! – auf sein (absehbares) Ende wartet, ihm sogar etwas die Schau.

Mit einem lang gestreckten Grat schmückt sich auch der Hohe Göll (2522 m), nordwestlicher Eckpfeiler des Parks, ansonsten eher ein wüster, verwitterter Klotz. Am Manndlgrat stehen zahlreiche fesche »Manndln« aus Stein – große wie kleine. Solchen aus Fleisch und Blut kann man hier ebenfalls begegnen: Ein wenig schwieriger, aber recht attraktiver gesicherter Steig folgt dem Grat, am Kehlsteinhaus startend. Dieses wiederum weckt ganz andere Assoziationen als der unschuldige Berg.

Unseliges Erbe

Der Obersalzberg war jahrelang das zweite Regierungszentrum Hitlers; hier, auf dem »Berg«, versammelten sich Nazigrößen, wurden Staatsgäste empfangen. Damals entstand das »Teehaus« am Kehlstein samt Zufahrt und Lift. Nach dem Krieg besetzten die Amerikaner den Obersalzberg; aus dem Platterhof wurde ein Erholungszentrum der Streitkräfte (das im Volksmund »General Walker« hieß), und die umfangreiche Schallplattensammlung Hitlers wanderte in die USA – ins dortige Nationalarchiv.

Das im Jahr 1999 eröffnete Dokumentationszentrum beleuchtet Geschichte und Bedeutung des Obersalzbergs während der NS-Zeit; es lockte 2005 immerhin etwa 170 000 Besucher an. Und wo früher die Nazis über Kriegs- und Vernichtungsplänen brüteten, können sich heute zahlungskräftige Gäste eines Fünf-Sterne-Hotels entspannen und ihren Golfschläger schwingen. Immerhin: Auf jedem der 138 Zimmer liegt eine Dokumentation zur bösen Vergangenheit eben dieses Platzes ...

Der bayerische Park

Herbstidylle: Berchtesgaden und der Hohe Göll vom Falzkopf aus

Ein markantes Profil: der Kleine Watzmann (oben)
Die beiden »Großen« der Berchtesgadener Alpen: Watzmann (links) und Hochkalter, vom Taubensee aus gesehen (nächste Seite)

ENTDECKEN UND ERLEBEN – zu Fuß unterwegs im Nationalpark

Vom See zum Fall
Beliebte Familienwanderung vom Südufer des Königssees am Obersee (613 m) vorbei zum Röthbach-Wasserfall im Talschluss. Großartig die Kulisse mit hoch aufragenden Felswänden, urig die Fischunkelalm. Hin und zurück 3 Stunden.

Zum Fuß der großen Wand
Von St. Bartholomä führt ein markierter Weg durch den Eisgraben zur so genannten »Eiskapelle«, dem Tor eines Ewigschneefeldes, das von Lawinen aus der Watzmann-Ostwand gespeist wird. Hin und zurück etwa 2.30 Stunden. Achtung: Das Betreten oder Besteigen der »Kapelle« ist lebensgefährlich, da sie jederzeit und ganz ohne Vorwarnung einstürzen kann!

Zum großen Watzmannblick
Der Feuerpalfen (1741 m) gilt als schönster Ausguck über dem Ostufer des Königssees, und auf der Gotzenalm gibt's eine gute Brotzeit. Den größten Teil des Anstiegs übernimmt die Jennerbahn, und nach dem Abstieg zum See fährt man mit dem Schiff zurück. Mittelstation Jennerbahn (1185 m) – Königsbachalm – Gotzentalalm – Gotzenalm (1685 m) – Feuerpalfen – Regenalm – Salet, 6 Stunden. Teilweise steiler Abstieg über den »Kaunersteig«.

Zum Kältepol Deutschlands
Große Wanderrunde zwischen dem Königssee und dem Nordrand des Steinernen Meers, die vielfältigste Eindrücke vermittelt. Wendepunkt ist das Kärlinger Haus am Funtensee, der als absoluter Kältepol Deutschlands gilt. An- und Rückfahrt übers Wasser. St. Bartholomä (605 m) – Saugasse – Ofenloch – Kärlinger Haus (1630 m) – Grünsee (1474 m) – Salet, 7 Stunden. Markierte Bergwege, Ausdauer erforderlich.

Die große Überschreitung
Die Tour schlechthin im Nationalpark führt auf den Watzmann, auf dem Normalweg oder durch die Ostwand. Wer sich letzteres nicht zutraut, aber gut zu Fuß ist (Kondition!) und sich auch in leichtem Fels zu bewegen weiß, wird eine Überschreitung des Massivs vom Watzmannhaus ins Wimbachgries unternehmen: grandios! Aufstieg von der Wimbachbrücke zur AV-Hütte knapp 4 Stunden. Watzmannhaus (Übernachtung) – Hocheck (2651 m) – Watzmann (2713 m) – Wimbachgrieshütte (1326 m) – Wimbachtal – Wimbachbrücke, 9 Stunden. Nur für erfahrene Bergsteiger, am Grat gesicherte Passagen, Abstieg ungesichert, mit einigen heiklen Stellen. Nur bei ganz sicherem Wetter gehen, Infos über Wegzustand im Watzmannhaus einholen!

Kalkalpen, Zentralalpen: Blick vom Hohen Göll auf die Hohen Tauern mit dem Großglockner

Der bayerische Park

Immer faszinierend: Wasserspiele

Ins Gries
Naturkundlich sehr interessante leichte Wanderung durch das Wimbachtal zur Wimbachgrieshütte (1326 m). Sehenswert: Die Wimbachklamm, markante Gesteinsformationen (Dolomit/Kalk), die riesigen Geröllteppiche (Griese) mit ihrer speziellen Flora, die grandiose Bergkulisse.
Wimbachbrücke (624 m) – Wimbachschloss (937 m) – Wimbachgrieshütte, hin und zurück 5 Stunden.

Zum nördlichsten Gletscher der Alpen
Beliebte, mäßig anstrengende Hüttenwanderung, auf der man dem Blaueis recht nahe kommt. Der kleine, aber steile, zerschrundene Gletscher bleibt allerdings tabu (Spalten!). Die Besteigung des Hochkalter (2607 m) ist erfahrenen Alpinisten vorbehalten; das Blaueis (bis 45° steil) kann über Wasserwandkopf und Kleinkalter (2513 m) umgangen werden (markiert, Stellen II).
Ramsau-Hintersee (789 m) – Blaueishütte (1651 m), hin und zurück 4 Stunden.

Durchs Klausbachtal
Abwechslungsreiche Familienwanderung vom Ramsauer Hintersee (789 m) hinauf zum Hirschbichl (1148 m), 4 Stunden (Rückfahrt per Bus).
Interessantes über den Park und einige seiner Bewohner (Steinadler, Specht) sowie über den Bergwald erfährt man in den beiden Infostellen Hintersee und Engert. Während der kalten Jahreszeit kann man am Rotwild-Wintergatter Hirsche und Rehe beobachten und am »Adlerweg« das ganze Jahr über mit etwas Glück den legendären König der Lüfte.
Einen Blick nach oben verdient auch das Mühlsturzhorn (2234 m). Hier brachen im September 1999 rund 250 000 Kubikmeter Fels ab und donnerten zu Tal. Am Hirschbichl lädt die urige Bindalm (1117 m) zur Brotzeit ein.

INFOS
Naturparkhaus: Franziskanerplatz 7, D-83471 Berchtesgaden,
Tel. +49(0)8652/643 43, info@nationalparkhaus.org,
www.nationalpark-berchtesgaden.bayern.de (geöffnet täglich 9–17 Uhr)
Nationalpark-Infostelle Hintersee: D-83486 Ramsau,
Tel. +49(0)8657/14 31 (geöffnet Mai bis Oktober 9–17 Uhr)
Nationalpark-Infostelle Engert im Klausbachtal (geöffnet Mai bis Oktober 9–17 Uhr)
Nationalpark-Infostelle St. Bartholomä (geöffnet Mai bis Oktober 9–17 Uhr)
Nationalpark-Infostelle Kührointalm (geöffnet Mai bis Oktober 9–17 Uhr)
Nationalpark-Infostelle Wimbachbrücke (geöffnet Mai bis Oktober 9–17 Uhr)

3
Nationalpark Hohe Tauern

Der Gletscherpark

Tauernwelt – der weiße Großvenediger und die dunkle Kendlspitze

Wenn der Tag vergeht. Der Großglockner vom Preber aus gesehen (nächste Seite)

Mäandernder Gletscherbach der Pasterze (oben)
Quarzgestein am Schwarzsee (unten)
Die Medelzlacke (rechts)

Nationalpark Hohe Tauern

Insgesamt 50 Quadratkilometer weit erstrecken sich die Tauerngletscher, zwischen ihnen ragen mehr als 250 Dreitausender in den Himmel, darunter Österreichs höchster Gipfel, der Großglockner (3798 m), und sein »eisigster«, der Großvenediger (3660 m): Nationalpark Hohe Tauern. Hier kann man alpine Urnatur erleben, auf vielen Wegen, in steilem Fels und im Eis, zwischen Tal, Hütten und Gipfel. Hier kann man aber auch viel lernen: über die Natur und das bäuerliche Leben, wie Berge entstehen und warum Gletscher schmelzen.

Der größte Ostalpengletscher: die Pasterze

Gletscherpark. Das klingt in Zeiten globaler Erwärmung fast wie ein Nachruf. Schwindende Eismassen, abtauen des Permafrosts, bröckelnde Felswände, Regengüsse statt Schneegestöber, Hitzerekorde allüberall. Wer kennt sie nicht, diese Schlagwörter einer sich anbahnenden Katastrophe. Das größte europäische Gebirge bald eisfrei?

Eine eisige Welt

Sie sind auf dem Rückzug, die Giganten von einst, die vor 10 000 Jahren die Alpen noch in ihrem eisigen Griff hatten, unerbittlich die Täler aushobelten und Milliarden Kubikmeter Fels ins flache Land hinaus beförderten. München beispielsweise wurde auf dem Geschiebe des Isargletschers erbaut, und am Gardasee wächst der Wein an den eiszeitlichen Endmoränen.

Die Gletscher waren es, die – erdgeschichtlich gesehen – den Alpen den letzten Schliff gaben; sie planierten Talgründe, ließen Mittelgebirgsterrassen zurück: Siedlungsflächen für den Menschen, Anbauzonen für seine Nahrung. Sehr schön kann man das an den Seitentälern des Pinzgaus sehen, die alle parallel verlaufen und die typische U-Form aufweisen, vom Krimmltal im Westen bis zum Fuscher Tal, dem nördlichen Ausgangspunkt der berühmten »Großglockner-Hochalpenstraße«.

Der Gletscherpark

DATEN UND FAKTEN

Fläche: 1836 km² (Kernzone 1198 km², Außenzone 638 km²)
Eröffnet: 1981 (Kärnten), 1984 (Salzburg), 1991 (Tirol)
Einstufung nach IUCN: Kategorie II (Kernzone seit 2006)
Tiefster Punkt: 1020 m (Rauriser Tal)
Höchster Punkt: 3798 m (Großglockner)
Naturraum: Fels, Geröll 48 %, Wiesen, Almen 29 %, Wald 14 %, Gletscher 7 %
Ortschaften in Parknähe: Neukirchen am Großvenediger, Mittersill, Rauris, Bad Gastein, Mallnitz, Heiligenblut, Winklern, Kals, Matrei, Virgen, St. Jakob in Defereggen, Prägraten
Benachbarte Schutzgebiete: Naturpark Zillertaler Alpen (westlich), Naturpark Rieserferner-Ahrn (südwestlich)

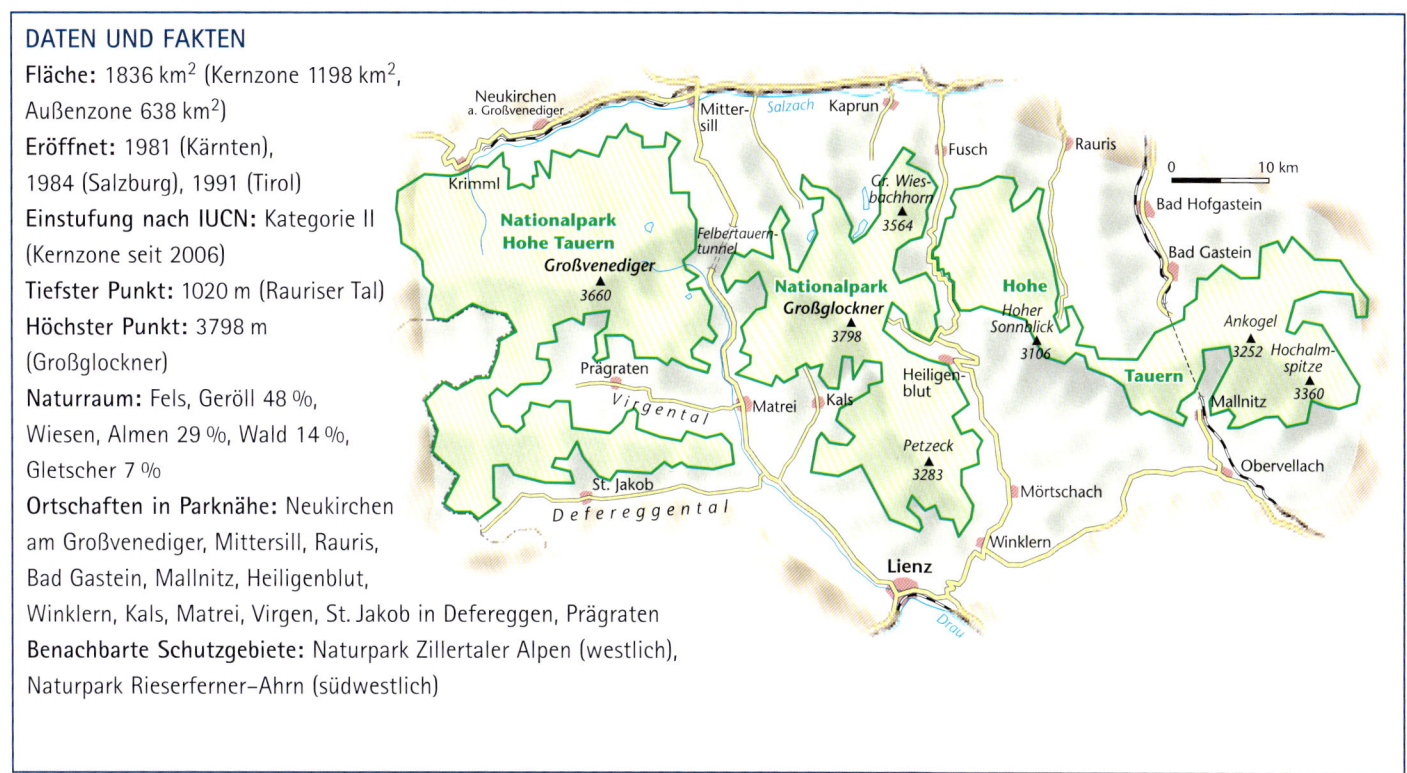

Bewegung, Rückzug

Die Hochgebirgslandschaft der Hohen Tauern ist stark geprägt vom Gletschereis. Rund 50 Quadratkilometer liegen noch heute unter gefrorenem Wasser; mancher Gipfel wurde vom Eis überformt, Karmulden wurden ausgehoben, Täler verbreitert. Das Eis speist die Bäche der Region – und es wandert. Ein paar Zentimeter pro Tag, immerhin, und so lässt sich abschätzen, wie lange es etwa dauert, bis eine kleine Schneeflocke, die am Großvenediger vom Himmel fällt, schließlich als Wassertropfen über die Umbalfälle hinabstürzt.

Die Natur kennt keinen Stillstand, nur Bewegung, Veränderung, wenn auch manchmal in extremer Zeitlupe. So reichte die Zunge der Pasterze vor 150 Jahren – zur Zeit des letzten größeren Gletschervorstoßes – bis hinab in die Möllschlucht unterhalb des Margaritzen-Stausees. Damals bedeckte das Eis eine Fläche von etwa 27 Quadratkilometern, heute sind es keine zwanzig mehr und die Masse der Pasterze nahm um gut die Hälfte ab. Typisch für zurückweichende Gletscher sind ihre »Tore«, Gewölbe im Mündungsbereich, die riesige Ausmaße annehmen können.

Das Stubacher Sonnblickkees in der Granatspitzgruppe wird seit 1960 systematisch erforscht. Es hat in einem halben Jahrhundert rund 26 Millionen Kubikmeter Masse eingebüßt, allein 3,8 Millionen während des Jahrhundertsommers 2003! Hält der Schwund in diesem Ausmaß an, dürften in weiteren fünfzig Jahren viele Tauerngletscher verschwunden sein.

Gletscher sind riesige Wasserspeicher, deren Bedeutung weit über die Alpen hinausreicht. In heißen, niederschlagsarmen Sommern geben sie große Mengen des kostbaren Wassers ab und helfen so mit, anderswo die Folgen von Trockenheit zu lindern. Wenn man sie lässt.

Wasserkraft – Wasserspiele

Denn der Mensch baut längst seine eigenen Großspeicher, die ganz ähnlich funktionieren wie Gletscher: Stauseen sammeln das abfließende Wasser, um es später in Elektrizität zu verwandeln. Auf der Nordseite der Hohen Tauern, im Kapruner Tal, wurde bereits in den ersten Jahren nach dem Zweiten Weltkrieg mit dem Bau von Kraftwerksanlagen begonnen; später folgten die Anlagen im Stubachtal. Am wachsenden Energiehunger unserer Zeit wäre das Projekt eines Nationalparks in den Hohen Tauern dann fast gescheitert. Die Tiroler Wasserkraftwerke planten in den 1980er-Jahren einen riesigen Stausee im Dorfertal ob Kals, mit Zuleitungen aus allen Osttiroler Tauerntälern. Erst nach massiven Protesten wurde das völlig überzogene Projekt beerdigt. So rauschen die Umbalfälle (denen man damals gerade noch ein paar »Betriebszeiten« für die Touristen zubilligen wollte) immer noch, lockt das grandiose Naturschauspiel jedes Jahr zig Tausende ins innerste Virgental.

Grandiose Wasserspiele bietet auch der obere Pinzgau: die Krimmler Wasserfälle, die in drei Kaskaden 380 Meter weit hinuntertieben und einem dabei buchstäblich die Sprache verschlagen. Da donnern und tosen die Wassermassen zwischen den Felsen zu Tal, in den Dunstschleiern bricht sich das Sonnenlicht zum bunten Bogen, und rundum grünt es üppig. Einen ersten Weg zu dem grandiosen Naturdenkmal ließ übrigens Ignaz von Kürsinger, Erstbesteiger des Großvenedigers, bereits 1835 anlegen. Sechs Jahre später stand er dann auf dem Gipfel des »11 622 Wiener Fuß hohen und von ewigen Gletschern weithin umgebenen Nebenbuhler seines riesigen Nachbarn, des Großglockners«, notabene als Anführer einer immerhin vierzig Personen umfassenden Expedition. Ein paar Jahre zuvor war Erzherzog Johann bei einem Besteigungsversuch »60 Klafter unter dem Gipfel« gescheitert.

3 Nationalpark Hohe Tauern

Der Gipfel Österreichs: der Großglockner (3798 m)

Der Großglockner

Der berühmteste Gipfel der Ostalpen ist längst zum Medienstar geworden; (fast) jede/r will hinauf. Das Ergebnis lässt sich an schönen Sommertagen beobachten: ein Gewusel fast wie am Münchner Stachus, Seil- und Menschenknäuel an der Scharte zwischen Klein- und Großglockner. Als Postkartensujet ist das Bild der spitzen Firnpyramide schon bis in die entlegensten Weltgegenden gereist, und der 200. Jahrestag der Erstbesteigung steigerte die Glockner-Hysterie noch einmal.

Zigtausende bestaunen jeden Sommer das alpine Idealbild vom Endpunkt der Glocknerstraße aus, und im Glocknerdorf Heiligenblut schaut die kecke Spitze in so manche gute Stube hinein. Wen wundert's da, dass der hohe, schön gebaute Berg früh ins Visier der Bergbegeisterten geriet?

Die Ersten

»1798 verabredete Kardinal Salm-Reifferscheid, Fürstbischof von Gurk, mit Bergrat Dollinger eine Glockner-Expedition; man wählte die SO-Seite und ließ im Frühjahr 1799 am Leiterkees eine Hütte erbauen. Am 19. August traf der Kardinal in zahlreicher Begleitung bei der Hütte ein, kehrte jedoch der ungünstigen Witterung wegen nach Heiligenblut zurück. Am 24. August brachen Kardinal Salm, Graf Hohenwart und Baron Wulfen mit anderen wieder zur Salmhütte auf, und am 25. August erreichte man den Kleinglockner, auf dem, da man ihn für die höchste Spitze hielt, ein Kreuz aufgerichtet wurde. Am 26. Juli 1800 traf Kardinal Salm mit Hohenwart, Hoppe, Horasch, Schiegg, Stanig, Vierthaler, Wulfen u. a. abermals in Heiligenblut ein. Vom Kardinal war auch am Hohenwartkopf und (später) auf der Adlersruhe eine kleine Hütte errichtet worden. Am 28. Juli erstieg die Gesellschaft den Kleinglockner, während vier Zimmerleute und der Pfarrer Horasch (Dellach) die höchste Spitze erklommen hatten, wo sie am 29. Juli ein Kreuz errichteten.«

Ein Pionier

Einer, der oft am Gipfel des Glockners stand, war Johann Stüdl, ein wohlhabender Kaufmann aus Prag; er kam 1867 erstmals nach Kals, das für ihn zur Bergheimat wurde. Und für die tat er auch sehr viel. Bereits 1868 – ein Jahr vor Gründung des Alpenvereins – stand am Fuß des Südwestgrats (heute Stüdlgrat) eine winzige Hütte, deren Bau er aus eigenen Mitteln finanzierte. »Die Wände sind fest gemauert und mit starkem Gebälk überdeckt; das Dach

Der Gletscherpark

wurde aus einer doppelten Lage von Steinplatten hergestellt, bot aber bei Regen und Schneestürmen nicht genügend Schutz.« Das sollte sich bald ändern; nach dem Umbau von 1873 fanden in dem Haus bereits dreißig Personen Unterkunft, und ab 1883 wurde es im Sommer durchgehend bewirtschaftet. Stüdl förderte den Wegebau in der Region; zusammen mit Franz Senn formulierte er erste Regeln für das wild wuchernde Bergführerwesen. Nach dem Ende der Donaumonarchie siedelte Stüdl (ungern) von Prag nach Salzburg um. Dem immer unverhohleneren Antisemitismus im Alpenverein stemmte sich der »letzte lebende Gründervater des Vereins« vehement, aber letztlich erfolglos entgegen.

Naturschutz, Naturerlebnis?

Stüdl war zwar ein Mann mit Weitblick, doch die rasante Entwicklung des Tourismus konnte auch er nicht vorausahnen. Längst sind die Alpen zum »Playground of Europe« (Sir Leslie Stephen) geworden, werden sie alljährlich von zig Millionen Touristen besucht. Rund fünfzig Millionen (!) Menschen haben die Hohen Tauern in der Zeit ihres Bestehens von der »Großglockner Hochalpenstraße« aus erlebt, wie die GmbH stolz verkündet. Und mit viel Engagement wird für den sommerlichen Besucherstrom gesorgt, der auf Rädern daherkommt: ein Tag allein für Radfahrer, jede Menge Service für die Jungs auf den schweren Maschinen, Infostellen, und sogar ein »Haus Alpine Naturschau« gibt es.

»Straßen sind beredte Zeugen menschlicher Schaffenskraft. Zwar sind sie nicht künstlerischer Selbstzweck, nicht Ausdruck eines richtunggebenden Gestaltungswillens wie die Werke monumentaler Baukunst, die das Edle in sich selber tragen – sie dienen jedoch edelsten Zielen im Sinne der Volksgemeinschaft und im Sinne des einzelnen: sie bauen die Brücken inniger Zusammengehörigkeit von Dorf zu Dorf, von Stadt zu Stadt und von Landschaft zu Landschaft, sie führen den einzelnen aus seiner engeren Heimat hinaus in sein großes Vaterland.« (Werner Toth-Sonns, 1953)

Ein internationales Projekt

Wer zu Fuß aus dem Ferleitental hinaufsteigt zur Schwarzenberghütte, vor sich den herrlichen Talschluss und im Ohr das Aufheulen PS-starker Motoren, wird dieser Hymne aus den 1930er-Jahren nicht viel abgewinnen.

Dem großen Vogel, der gerade die Aufwinde in den Wänden der Schwarzen Leiten nutzt, scheint der Lärm nichts auszumachen. Ungerührt zieht er seine Kreise, dann schwebt er ab, über die Schlagader des modernen Alpentourismus hinweg gen Osten. Da liegt seine Heimat, hat er das Fliegen, das Jagen gelernt, nistet er auch: im Rauriser Tal. Die Idee, den Bartgeier in den Alpen wieder anzusiedeln, wurde vor gut dreißig Jahren in Innsbruck geboren. »Geboren« darf man in diesem Fall durchaus wörtlich nehmen, denn die Grundlage bildeten die guten Zuchterfolge im Alpenzoo

Wieder zurück in den Alpen: der Bartgeier

der Tiroler Landeshauptstadt. Im Frühling 1986 wurden mit Hans, Fritz, Ellen und Winnie die ersten Bartgeier im Rauriser Krumltal freigelassen, später dann auch in anderen Regionen bzw. Parks: in der Vanoise, im Engadin und in den Seealpen. Inzwischen ist die Population alpenweit auf rund 100 Exemplare angewachsen.

Kein Jäger

Der *Gypaetus barbatus* ist mit einer Flügelspannweite von bis zu 2,7 Metern der größte Vogel Europas; er erreicht die Geschlechtsreife im Alter von fünf bis sieben Jahren. Bartgeier leben monogam; ein Brutpaar nutzt gemeinsam ein Revier, das bis zu 400 Quadratkilometer groß sein kann. Hohe, unzugängliche Felswände sind bevorzugte Nistplätze; der Bartgeier baut seinen Horst gerne in Halbhöhlen oder auf überdachte Felsbänder. Dabei ist er bei der Wahl des Polstermaterials überhaupt nicht wählerisch; da wird schon mal eine Zeitung oder ein verloren gegangener Handschuh zweckentfremdet.

Bis heute bleibt ungeklärt, weshalb Bartgeier durch wiederholtes Baden ihr Gefieder einfärben. Dabei legen sie sich in eine rotschlammige Suhle und verteilen die Farbe anschließend auf das Gefieder im Bauch-, Brust- und Halsbereich. Alles nur für ein fesches Make-up?

Ein Fenster in die Vergangenheit

Die Edelweißspitze (2571 m) an der »Großglockner Hochalpenstraße« bietet ein fantastisches Panorama auf nicht weniger als 37 Dreitausender und 19 Gletscher. Weniger spektakulär, aber noch interessanter ist ein Blick in die Vergangenheit, auf die Gebirgsentstehung. Denn die Hohen Tauern sind aus Gesteinen des (westalpinen) Pennikums aufgebaut, die noch vor 30 Millionen Jahren unter der bis zu 20 Kilometer dicken Südalpinen Decke lagen und dann bei extrem hohem Druck und Temperaturen bis etwa 500 Grad in metamorphe Gesteine, überwiegend Gneis und Schiefer, umgewandelt wurden. Während der eigentlichen Alpenhebung kam es neben weiteren Überschiebungen, ausgelöst vom Zusammenprall der Afrikanischen mit der Europäischen Kontinentalplatte, zu einer mächtigen Aufwölbung, bis schließlich die vergleichsweise alten Gesteine der Penninischen Decke wieder an die Oberfläche geschoben wurden: das »Tauernfenster« war geboren. Es erstreckt sich vom Brenner ostwärts bis in die Gegend der Radstädter Tauern. Die gewaltigen tektonischen Prozesse führten zur Entstehung zahlreicher Risse (Zerrklüfte) im Gebirgsmantel, was den ungewöhnlichen Reichtum an Mineralien im Randbereich des Tauernfensters erklärt. Eine Besonderheit bilden dabei die Smaragdvorkommen im Habachtal, die ab dem 17. Jahrhundert ausgebeutet wurden. Der größte in diesem Tauertal gefundene grüne

Am Südrand des Nationalparks: der Roten Kogel

Der Gletscherpark

Tosende Wasser: die Krimmler Wasserfälle, die größten der Ostalpen (oben)
Traumhafte Berge: der Großglockner über dem Laperwitzkees (nächste Seite)

Smaragd wiegt 42 Karat und wird im Londoner Tower verwahrt. Das Vorkommen – einziges in Europa – erwies sich als nicht sehr ergiebig. Reicher werden konnte man da schon mit dem Tauerngold. Seine Blütezeit erlebte der Rauriser Goldbergbau im 15./16. Jahrhundert, als hier etwa ein Zehntel der Weltproduktion gewonnen wurde. Der kommerzielle Bergbau ist längst eingestellt, dafür lockt die Chance, ein paar Nuggets zu entdecken, Gelegenheits-Goldsucher an die Ufer der Rauriser Ache.

(Über-)Leben im Gebirge

Die meisten Menschen in den Tauerntälern waren natürlich keine Goldsucher, sondern Bauern, die ihre Scholle beackerten, in ständigem Kampf mit der Natur, und die dazu noch den Gutsherren den Zehnten abliefern mussten. Sie schufen in Jahrhunderten eine alpine Kulturlandschaft, die bis hinauf in die Almregionen reicht: Menschenwerk und keineswegs unberührte Natur. Doch für alle, Menschen, Tiere und Pflanzen, war eine Anpassung überlebenswichtig. So schützt sich die Arve (Zirbe) gegen eine drohende Austrocknung während der kalten und niederschlagsarmen Jahreszeit, indem sie im Herbst Wasser in ihrem Stamm speichert. Die Lärche wirft ihre goldenen Nadeln ab, um die Verdunstung von Feuchtigkeit auf ein Minimum zu reduzieren. Das Murmeltier verschläft den Winter ganz einfach und zehrt dabei von den im Sommer angefressenen Fettreserven; Rothirsche wechseln ihre Einstände, Schneehasen legen sich ein weißes »Tarnkleid« zu. Zugvögel wie Alpensegler oder Steinschmätzer überwintern im fernen Afrika; die Bergdohlen gehen dafür in den Dörfern auf Nahrungssuche.

Abstieg

Es ist spät im Jahr – die Lärchen zeigen schon ihr golden leuchtendes Herbstkleid, die weiß überzuckerten Grate zeichnen sich messerscharf gegen den tiefblauen Himmel ab. Wir steigen von der Oberwaldner Hütte ab, mit dem Großglockner zur Rechten – was für ein Bild! – und dem Fuscherkarkopf zur Linken. Ein paar Tage Tauernwandern liegen hinter uns; Erinnerungsfetzen gehen mir durch den Kopf: das Steinbockrudel unterm Großvenediger; verträumte Zeit an einer namenlosen Lacke irgendwo zwischen Pragser Hütte und Felbertauern; die traumhafte Abendstimmung auf der Badener Hütte. Faszination Alpen, erlebt in den Hohen Tauern, in ihrem Nationalpark.

»Nächstes Jahr«, sagt Hildegard, »möchte ich früher im Jahr hier wandern, wenn alles blüht.«

Ich denke an das letzte Wegstück, das noch vor uns liegt und an der »Gletscherstraße« endet. In der Gamsgrube wird der Schnee bald die Standorte der Schwarzbraunen Segge und anderer Blumen zudecken, und wenn der Schlagbaum in Heiligenblut sich zur Wintersperre senkt, kehrt rund um den Großglockner Ruhe ein, sind Bartgeier und Gletscherfloh, Steinböcke und Schneehühner wieder (fast) unter sich. Bis nächstes Jahr. Und da kommen wir ja auch wieder – weil's so schön ist.

ENTDECKEN UND ERLEBEN – zu Fuß unterwegs im Nationalpark

Wo das Eis schmilzt
Innergschlöß vor dem Schlatenkees und dem Großvenediger – ein Traumbild der Hohen Tauern. Der Fels- und Eiswelt des zweithöchsten Tauerngipfels kommt man auf dem »Gletscherlehrweg Innergschlöß« schon recht nahe. Insgesamt 24 Tafeln informieren über das Werden und Vergehen des »ewigen Eises«. Als Ausgangspunkte kommen das Matreier Tauernhaus (1512 m) bzw. Innergschlöß (1689 m) infrage. Wer's bequemer mag, nimmt die Kutsche bzw. ein Taxi bis Innergschlöß; zu Fuß benötigt man knapp 1.30 Stunden. Gehzeit für den Lehrpfad etwa 4 Stunden; Trittsicherheit erforderlich. Der OeAV hat eine interessante Broschüre über den Gletscherweg veröffentlicht. Erhältlich in den Nationalparkzentren und Infostellen.

Blumen, Wasser und Eis
Ein alpiner Spaziergang, der vom Gewusel am Endpunkt der »Gletscherstraße« durch sechs Tunnel (Ausstellung zu den Themen Wasser, Bergkristall und Gold) und vorbei am Pflanzenschutz-Reservat der Gamsgrube (darf nicht betreten werden!) bis zur Gletscherzunge im Wasserfallwinkel führt. Einmalige Aussicht auf den Großglockner und die Pasterze; reine Gehzeit hin und zurück etwa 2 Stunden. In der Gamsgrube mit seinen Flugsandkegeln herrschen klimatische Verhältnisse wie auf Grönland; hier gedeiht neben anderen Reliktpflanzen die so seltene wie unscheinbare Schwarzbraune Segge.

Ein Fenster zur Vergangenheit
Viel Aussicht (auf Hunderte Dreitausender) und interessante Einblicke (in die Erdgeschichte) vermittelt der »Geotrail Tauernfenster«. Ausgangspunkt für den gut markierten Rundgang ist die Seilbahnstation am Schareck (2556 m); mehrere Infopunkte unterwegs. Der Nationalpark hat eine lesenswerte Broschüre zur Geologie der Hohen Tauern und zum berühmten, rund 160 Kilometer langen »Fenster« veröffentlicht. Gehzeit etwa 3 Stunden.

Wo die Wasser tosen
Die Umballfälle im hintersten Virgental bieten ein faszinierendes Naturschauspiel, vor allem während der Schneeschmelze im Hochgebirge (maximale Wasserführung am frühen Nachmittag). Seit 30 Jahren sind sie durch einen Schaupfad erschlossen, der seinen Ausgangspunkt beim Parkplatz Ströden (1403 m) hat. Gehzeit hin und zurück etwa 3 Stunden.

Im Banne des Monarchen
In einer Woche den höchsten Gipfel Österreichs auf markierten Wegen umwandern, von Hütte zu Hütte? Bestimmt eine der schönsten Unternehmungen im Nationalpark, und neben dem Großglockner (3798 m) gibt's noch vieles zu bestaunen und zu entdecken: Gipfel, Gletscher, frei lebende Tiere, die ganze Pflanzenvielfalt, Zeugnisse bäuerlichen Lebens, Wasserfälle und Bergseen.
Wegverlauf (7 Tage): Stausee Mooserboden (2106 m) – Kapruner Törl (2639 m) – Rudolfshütte (2311 m) – Kalser Tauern (2515 m) – Sudetendeutsche Hütte (2656 m) – Kals (1364 m) – Salmhütte (2638 m) – Glocknerhaus (2140 m) – Untere Pfandlscharte (2663 m) – Fusch an der Glocknerstraße (813 m) – Gleiwitzer Hütte (2174 m) – Brandlscharte (2371 m) – Kapruner Tal, insgesamt etwa 40 Stunden. Ausdauer und etwas Bergerfahrung erforderlich; keine Gletscherbegehungen.

Umballfälle

Gletscherlehrweg Innergschlöß

Der Gletscherpark

Der Gerlossee vor der Wildgerlosspitze

Von Hütte zu Hütte

Der »Venediger-Höhenweg« – ein absolutes Highlight – bietet das totale Tauernerlebnis und lässt sich zudem sehr gut mit Gipfeltouren kombinieren. Es gibt verschiedene Varianten, und auch Teilbegehungen sind möglich. Wer über keine Gletschererfahrung und -ausrüstung verfügt, lässt die erste Etappe einfach weg und startet mit dem Anstieg zur Essener-Rostocker Hütte. Durchgehend ordentlich markierte Wege, hochalpin-grandioses Ambiente.

Wegverlauf (mindestens 4 Tage): Hinterbichl (1331 m) – Clarahütte (2038 m) – Reggentörl (3058 m; Gletscher!) – Essener-Rostocker Hütte (2208 m) – Johannishütte (2121 m) – Zopetscharte (2958 m) – Eisseehütte (2521 m) – Bonn-Matreier Hütte (2750 m) – Badener Hütte (2608 m) – Löbbentörl (2770 m) – Matreier Tauernhaus (1512 m); insgesamt 29 Stunden.

INFOS

Nationalparkzentrum BIOS: A-9822 Mallnitz 36, Tel. +43/(0)4784/701, bios@ktn.gv.at, www.hohetauern.at (geöffnet Ende April bis Mitte Oktober täglich 10–18 Uhr)

Nationalparkzentrum Mittersill – Nationalpark Welten: Gerlosstr. 18, A-5730 Mittersill, Tel. +43(0)6562/408 49 30, nationalpark@salzburg.gv.at, www.hohetauern.at (geöffnet täglich 9–18 Uhr)

Nationalparkzentrum Matrei – »Tauernwelten«: Kirchplatz 2, A-9971 Matrei in Osttirol, Tel. +43(0)4875/51 61 10, nationalparkservice.tirol@hohetauern.at, www.hohetauern.at (geöffnet im Juni Mo–Fr 10–12 Uhr, von Juli bis September Mo–Sa 10–18 Uhr, im Oktober Mo–Fr 10–12/14–18 Uhr, von Mitte Dezember bis Mitte März Mo–Fr 14–18 Uhr)

Infostellen u. a. in Uttendorf, Krimml, Fusch, Rauris, Hüttschlag, Muhr, Mittersill, Hollersbach, Malta, Heiligenblut, Virgen, Iselsberg, St. Jakob in Defereggen, Prägraten, Kals

Haus Alpine Naturschau an der »Großglockner Hochalpenstraße« (geöffnet Anfang Mai bis Ende Oktober, täglich von 9–17 Uhr)

4

Nationalpark Kalkalpen

Der Waldpark

Wer ihm wohl den Namen verpasst hat? Der Große Größtenberg im Reichraminger Hintergebirge (links)
Zauberhafte Wasserspiele. Die Rettenbachquelle am Südfuß des Sengsengebirges (nächste Seite)

Tiefer Winter im Reichraminger Hintergebirge (oben)
Schneekristalle (unten)
Vollmond über den Gesäusebergen (rechts)

4 Nationalpark Kalkalpen

»Da siehst du ja vor lauter Bäumen den Wald nicht!«

Das kann einem im Reichraminger Hintergebirge, dem waldreichen Kernstück des Nationalparks Kalkalpen, schon mal passieren. Wer hier wandert oder radelt, ist fast immer im Wald unterwegs, mithin in einer Landschaft, die stark vom Menschen geprägt und verändert wurde. Über Jahrhunderte diente die Gegend als ertragreicher Holzlieferant; später geriet sie sogar ins Visier der österreichischen Kraftwerkslobby. Aus den Plänen der Energiewirtschaft wurde nichts – glücklicherweise. Dafür gewann die Idee eines Naturparks nach und nach an Boden: bewahren statt bewirtschaften.

Der hohe, felsige Rücken des Sengsengebirges

Doch der Weg dahin sollte sich als sehr steinig erweisen. Anfang der 1980er-Jahre wollte die VOEST das Reichraminger Hintergebirge zum Testgelände für ihre Noricum-Kanonen machen (die im Iran-Irak-Krieg auf beiden Seiten zum Einsatz kamen), was zu ersten Protesten der Bevölkerung führte. Später traten die Ennskraftwerke auf den Plan: Am Großen Bach sollte ein Stausee entstehen – natürlich mit dem Segen des Polit-Establishments, angeführt vom damaligen Landeshauptmann Josef Ratzenböck. Doch auch da formierte sich bald Widerstand, und im Sommer 1984 kam es zu einer Besetzung der Baustelle, die ohne rechtliche Basis eröffnet worden war. Der Staat reagierte prompt. Verurteilt wurden allerdings nicht die Ennskraftwerke, sondern die Umweltschützer (denen man auch später eine Rehabilitierung verweigerte).

Die Kraftwerkspläne verschwanden dann doch wieder in der Schublade, offiziell wegen mangelnder Wirtschaftlichkeit, wie man aus dem fernen Wien beschied. Dafür begann der staatliche Ölkonzern OMV auf einem Grundstück, das der katholischen Kirche gehörte, mit Probebohrungen, die allerdings keine positiven Ergebnisse brachten und nach anhaltenden Protesten ebenfalls eingestellt werden mussten.

Der Waldpark

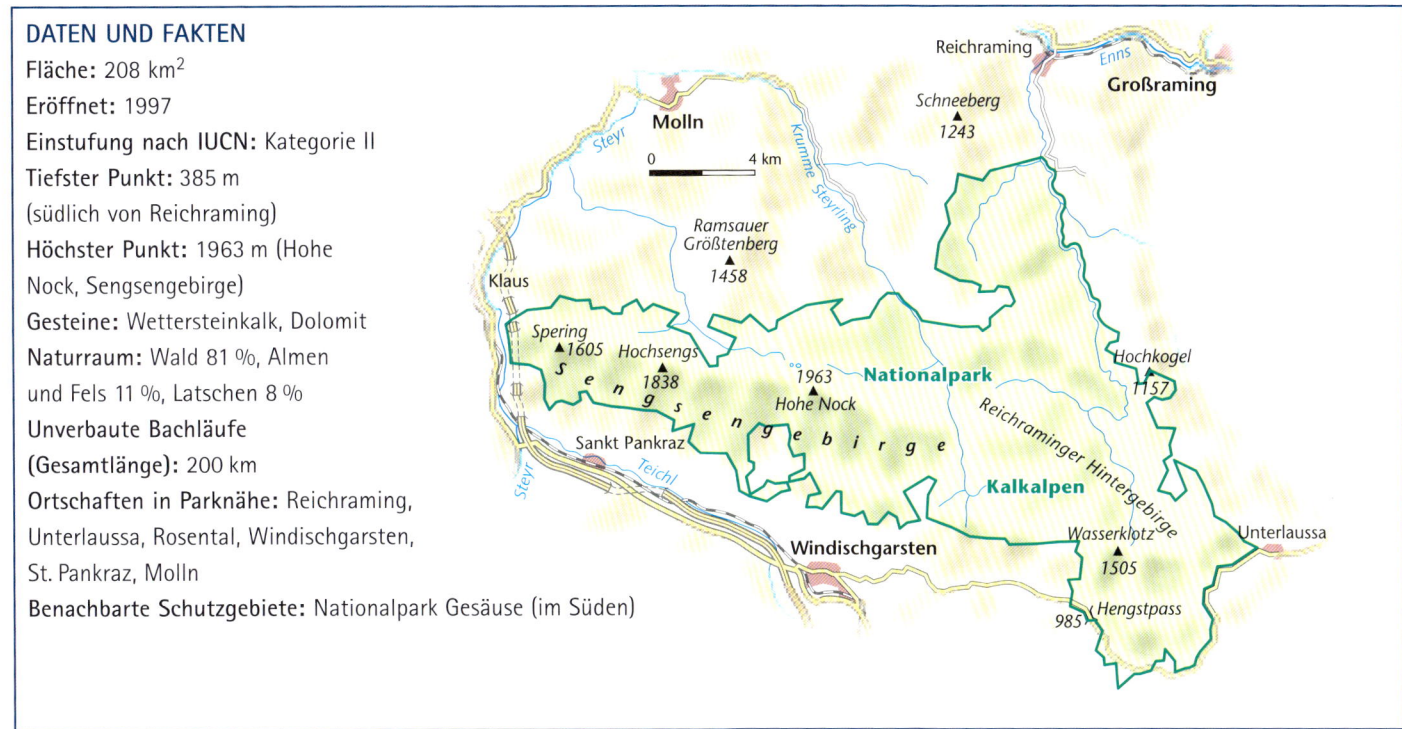

DATEN UND FAKTEN

Fläche: 208 km²
Eröffnet: 1997
Einstufung nach IUCN: Kategorie II
Tiefster Punkt: 385 m
(südlich von Reichraming)
Höchster Punkt: 1963 m (Hohe Nock, Sengsengebirge)
Gesteine: Wettersteinkalk, Dolomit
Naturraum: Wald 81 %, Almen und Fels 11 %, Latschen 8 %
Unverbaute Bachläufe (Gesamtlänge): 200 km
Ortschaften in Parknähe: Reichraming, Unterlaussa, Rosental, Windischgarsten, St. Pankraz, Molln
Benachbarte Schutzgebiete: Nationalpark Gesäuse (im Süden)

2007 – zehn Jahre Nationalpark

1997 wurde der Park eröffnet, und seither wird die Natur weitgehend sich selbst überlassen. Das ist beabsichtigt, bleibt aber nicht ohne Konsequenzen. Hochwasser wie jenes vom August 2002 und extreme Winter oder Stürme wie Kyrill, der hier über 20 000 Bäume entwurzelte, verändern die Landschaft nachhaltig. Doch so entwickelt sich aus den »Holzplantagen« allmählich wieder eine Waldwildnis; die Fichtenbestände werden weniger und ein gesunder, widerstandsfähiger Mischwald wächst nach, Totholz bleibt liegen. Damit verbessern sich nicht nur die Lebensbedingungen des ungeliebten Borkenkäfers, sondern auch die seines natürlichen Feindes, des Spechts (von dem es im Park immerhin sechs Arten gibt). Mehr noch: Tiere, die in den Bergen Oberösterreichs längst ausgerottet oder vertrieben waren, kehren zurück: Luchs und Fischotter beispielsweise, und sogar ein umherstreifender Braunbär wurde im Parkareal schon gesichtet.

Berge und Namen

Gut 200 Quadratkilometer groß ist der Nationalpark Kalkalpen; er erstreckt sich von der Steyr ostwärts bis zu dem vielfach verästelten Waldtal des Großen Bachs, dem eigentlichen Herzstück des Reichraminger Hintergebirges: Holz im Osten, Fels im Westen. Zwischen Molln und Windischgarsten (602 m) reicht der lang gestreckte, nach Norden über schroffe Felsmauern abbrechende Rücken des Sengsengebirges bis nahe an die 2000-Meter-Höhenmarke heran (Hohe Nock, 1963 m). Damit überragt er den höchsten Punkt des Reichraminger Hintergebirges deutlich, obwohl der – ganz unbescheiden – Großer Größtenberg (1724 m) heißt. Überhaupt zeichnet sich das Hintergebirge durch eine Vielzahl origineller Flur- und Gipfelnamen aus, deren Sinn sich einem nicht immer auf den ersten Blick erschließt. So hat der Ameisgraben nichts mit den fleißigen Insekten zu tun; vielmehr versteht man unter »meis« einen Ort, wo Holz geschlagen werden kann. Rund um die Große Schlucht gibt es einen Teufels- und einen Zorngraben, eine Trompetenmauer (Echo-Felsen?) und eine Königin (1244 m). Und dann ist da noch ein Gipfelchen mit dem kürzesten Bergnamen überhaupt: Astein (1419 m).

Vielfalt der Natur

Wer die Natur schützen will, muss sie kennen. Das gilt natürlich auch für die Biosphäre des Nationalparks. Heute sind Flora und Fauna des Schutzgebiets bestens dokumentiert: 30 Waldgesell-

Schneerose

Nationalpark Kalkalpen

Wald prägt die Landschaft des Nationalparks Kalkalpen.

schaften, 50 Säugetier- und 80 Brutvogelarten wurden registriert, 1500 (!) Schmetterlingsarten, über 1000 Blütenpflanzen und 40 Orchideen.

Typisch für das Kalkgebirge sind seine zahlreichen Höhlen. Erst vor einigen Jahren wurde die Klarahöhle entdeckt, mit einem inzwischen erforschten Gangsystem über 25 Kilometern Länge; es birgt den größten Tropfstein Österreichs.

Der nur sechs Millimeter große Höhlenlaufkäfer (*Arctaphaenops muellneri*) und die Quellschnecke (*Bythiospeum nocki*) haben im Nationalpark ihr weltweit einziges Vorkommen. Im Parkgebiet bereits als verschwunden galt der Eschen-Scheckenfalter (*Euphydryas maturna*), bis er 2006 wiederentdeckt wurde.

Der Steinadler

Den Falter wird der Parkbesucher kaum zu Gesicht bekommen, eher schon den unbestrittenen König der Lüfte, den Steinadler (*Aquila chrysaetos*). Vor hundert Jahren alpenweit fast ausgerottet, ist sein Bestand heute weitgehend gesichert. Drei Paare sind hier im Nationalpark ansässig. Sie residieren im Sengsengebirge, und ihr Jagdrevier ist zwischen 30 und 100 Quadratkilometer groß. Auf dem Speisezettel stehen vorwiegend Füchse, Siebenschläfer, Auer- und Birkhühner, Hasen, aber auch Schlangen und im Winter vor allem Aas. Adler leben monogam; die Jungen – sie schlüpfen in der Regel im Mai – werden gemeinsam betreut und ernährt. Nach einem Monat sind sie bereits in der Lage, die Beute selbst zu zerlegen. Im Sommer verlassen die Jungtiere ihren Horst, lernen fliegen und jagen.

Auch der Wanderfalke ist im Nationalpark wieder heimisch geworden; er bevorzugt als Nist- und Brutplätze Felsen in mittleren Höhenlagen. Mit einer Flügelspannweite von bis zu 1,20 Metern deutlich kleiner als der Adler, gilt er als der schnellste Vogel der Welt. Mit einer Geschwindigkeit von bis 350 Stundenkilometern stürzt sich der Wanderfalke auf seine Beute. Und das sind stets fliegende Vögel (Star, Taube, Drosseln usw.).

Im Sengsengebirge

Bei unserer Wanderung über das Sengsengebirge haben wir einen Adler beobachtet, der in den Aufwinden der Seehagelmauer seine Kreise zog und dabei wohl Ausschau nach Jagdbarem hielt. Am Fuß der schroffen Wand aus Wettersteinkalk liegen zwei Seen, ausgeschürft während der letzten Eiszeit und abgedichtet durch lehmiges Moränenkonglomerat. Der kleinere Feichtausee ist nur mehr eine seichte Regenwasserlacke, wirkungsvoll dekoriert mit ein paar gewaltigen Bergsturztrümmern. Im größeren See leben neben den verschiedensten Amphibien auch Elritzen – wie diese winzigen Fische hierher gekommen sind, ist allerdings ungeklärt.

Die Feichtau (ca. 1400 m) auf der Nordseite des Sengsengebirges gilt als besonderes Landschaftsjuwel: eine Alm, noch heute jeden

Sommer bestoßen, mit den beiden Lacken, ein urwüchsiger Wald am Weg dahin, und darüber hoch in den Himmel ragend die mächtigen Kalkmauern, aus denen Geröllreißen herabziehen. Ein schmaler Pfad führt schräg über den steilen Schutthang unter der Seehagelmauer bergan zum Schneeberg und weiter zum »Dach« des Sengsengebirges, der Hohen Nock (1963 m). Unter ihrem Kreuz treffen sich dann alle Gipfelstürmer, auch jene, die von Süden über den Budergrabensteig heraufgekommen sind. Bei schönem Wetter genießt man eine faszinierende Aussicht über die grünen Wellen des Hintergebirges bis hinaus ins Alpenvorland, zum Toten Gebirge und in die steirische Nachbarschaft, wo die schroffen Kalkgipfel des Nationalparks Gesäuse stehen, in der Luftlinie keine 20 Kilometer entfernt. Da erscheint es nur logisch, die beiden benachbarten Schutzgebiete zu einem großen Park zu verbinden (was auch, allerdings als langfristige Perspektive, geplant ist).

Eisenhämmer und Trift

In der langen Geschichte der Parkregion spielten Holz und Eisen über Jahrhunderte hinweg eine zentrale Rolle. Möglicherweise weist auch der Name »Sengsengebirge« darauf hin, bildete doch die Herstellung von Sensen und anderen Werkzeugen in den umliegenden Tälern einen bedeutenden Wirtschaftszweig. Vielleicht wanderte die »Sengs'n« vor Zeiten bergwärts und blieb so als Berg- bzw. Gebirgsname bestehen.

Bereits 1625 sind in Reichraming zehn Hämmer nachgewiesen; im gleichen Jahr wurde hier ein Messingwerk gegründet. Diese Metall verarbeitenden Betriebe benötigten reichlich Energie, und die lieferte die Holzkohle. Der Rohstoff wuchs im Hintergebirge, das so eine erhebliche wirtschaftliche Bedeutung gewann. Doch das Holz musste erst geschlagen und dann zu den Abnehmern transportiert werden – in dem schwer zugänglichen Gelände mit seinen engen Gräben und wilden Schluchten ein mühsames Unterfangen. Einzige natürliche »Verkehrswege« waren die Bäche und Rinnsale, die

Ein Handwerk mit langer Tradition: Sensenschmiede Roßleithen

aber oft zu wenig Wasser führten. Man errichtete deshalb überall Klausen und Triftrechen. Die Stämme wurden teilweise über so genannte »Riesen« – rinnenartige Rutschen – zu Tal gebracht. Entlang der größeren Bäche verliefen kühn trassierte Triftsteige. Jener in der Großen Schlucht wurde rekonstruiert und ist wieder begehbar, die »Hohe Stiege«, die in schwindelnder Höhe in den Felsen über der Klamm verlief, dagegen vollständig verfallen.

Das geschlagene Holz wurde jeweils im »Klaushof« gesammelt, dann durch ein Tor gezogen und unterhalb der Klause gestapelt. Anschließend öffnete man die Tore – und die Klaus »ging«, wie man es damals nannte: Das künstlich erzeugte Hochwasser schwemmte die Stämme flussabwärts zum nächsten Triftrechen, wo sie aufgefangen werden konnten.

Die Waldbahn und ihr Ende

Mit dem Anbruch der Moderne kam die Trift zum Erliegen. Die Eisen verarbeitenden Betriebe stellten auf Steinkohlefeuerung um und das durch den rauen Transport meistens stark beschädigte Holz konnte anderweitig nicht mehr verkauft werden. Als im Ersten Weltkrieg ein katastrophaler Wintersturm über eine Million Festmeter Holz fällte, entschloss man sich zum Bau einer Bahn, um die vom Borkenkäfer befallenen Bäume in großem Stil abzutransportieren. Ein erstes Teilstück nahm 1920 den Betrieb auf; bereits zwei Jahre später wurde die Strecke verlängert und bis 1951 schließlich auf eine Gesamtlänge von 40,7 Kilometer (mit 19 Tunneln) ausgebaut. Zeitweise fuhren sogar Personenwagen mit. Die Endstation befand sich in Weißwasser, unweit der Bauxitbergwerke. Nach dem Zweiten Weltkrieg wurde am Blaberg mit dem Abbau des Rohstoffs zur Herstellung von Aluminium begonnen. Heute, gut vierzig Jahre nach der Betriebseinstellung, erinnert neben einigen Stollenlöchern nur noch die vom Grün überwucherte Ruine des Knappenhauses an den Bergbau.

Für die Waldbahn kam das Ende wenig später. 1971 fuhr der letzte Zug durch das Tal des Großen Bachs, dann rückten die Bulldozer an: modern times. Bald durchzog ein verzweigtes Netz breiter Forstpisten das Hintergebirge.

Heute, zehn Jahre nach Gründung des Nationalparks, ist manche Wunde verheilt; die Österreichischen Bundesforste haben mehrere ihrer Straßen aufgelassen (sie aber leider nicht rückgebaut, aus Geldmangel, wie es heißt). Die Natur ist auf dem Vormarsch – und sie hat Zeit. So kehrt nach und nach die Wildnis zurück ins Reichraminger Hintergebirge, verstummt der Lärm der Motorsägen. Dafür kreist der Adler hoch über den Almen, hört man mit etwas Glück sogar das Balzen des Auerhahns. Und wenn's regnet, zeigen sich im Wald zwischen nassen Steinen und Blättern die schwarzen Bergsalamander.

Art natur: Baumschwamm (oben)
Schleierfall des Schwarzen Bachs, am Ostrand des Nationalparks (rechts)
Felsen im Waldpark: die Kampermauer über Oberlaussa (nächste Seite)

ENTDECKEN UND ERLEBEN – zu Fuß und mit dem Radl unterwegs im Nationalpark

Auf den Spuren der Waldbahn
Abwechslungsreiche Radrunde am Ostrand des Nationalparks, verläuft von Reichraming (356 m) bis Weißwasser auf der ehemaligen Trasse der Waldbahn. Einziger stärkerer Anstieg zum Hirschkogelsattel (882 m), schöne Badeplätze an der Route. Vom Hirschkogelsattel empfehlenswerter Abstecher zur schön gelegenen, bewirtschafteten Anlaufalm (982 m; Fußweg 20 Minuten). Zur Tour gibt es eine sehr informative Broschüre, erhältlich im Nationalparkzentrum. Streckenlänge 46 km, Anstiegsleistung 522 m, Fahrzeit 3–4 Stunden.

Triftsteig
Der alte, nur mehr teilweise erhaltene Triftsteig in der Großen Schlucht wurde vor einigen Jahren rekonstruiert und ist heute als leichter Klettersteig (Drahtseilsicherungen, Eisenstifte) wieder begehbar – ein kleines Abenteuer für trittsichere Bergwanderer in herrlicher Kulisse. Er verläuft vom Annerlsteg (515 m) bis zum Schleierfall oberhalb der Großen Schlucht. Zugang von Reichraming mit dem Radl (oder ab Parkplatz beim Anzenbachschranken zu Fuß), Zeitaufwand insgesamt etwa 5 Stunden. Als alternativer Ausgangspunkt kommt der Parkplatz Weißwasser (670 m) infrage; Anfahrt von Unterlaussa über die Mooshöhe (846 m), Gehzeit dann knapp 4 Stunden, Rückweg auch über die Anlaufalm und den Hirschkogelsattel möglich.

Ebenforstalm (1105 m)
Schöne Wanderung zu einer Alm inmitten des Nationalparks. Aufstieg durch den Bodinggraben markiert, im Bereich der Ebenforstalm Themenpfad »Wollgras, Alm und Wasserschwinde«. Das Ebenforster Moor mit seinen bis zu zwei Meter tiefen Torfmoospolstern ist ca. 8000 Jahre alt. Anfahrt von Molln bis zum Parkplatz Scheiblingau (588 m); Einkehr im Jägerhaus und auf der Ebenforstalm. Gehzeit etwa 4 Stunden, leicht.

Kammweg über das Sengsengebirge (Hohe Nock, 1963 m)
Die große Gratüberschreitung des Sengsengebirges – etwas für Fußgänger ohne Konditionsprobleme. Auf dem Weg von Dirnbach (505 m) nach Windischgarsten (602 m) werden fünf Gipfel überschritten: Schillereck (1748 m), Hochsengs (1838 m), Gamskogel (1710 m), Rohrauer Größtenberg (1810 m) und Hohe Nock (1963 m); der Abstieg erfolgt durch den Budergraben. Übernachtung (mit

Das Veichltal, vom Kleinerberg aus gesehen

Der Waldpark

Frühling bis Herbst: Apfelblüte, Schlüsselblume, Farn, Laub

Selbstverpflegung) im Uwe-Anderle-Biwak (1583 m) zwischen Hochsengs und Gamskogel; im Abstieg vom Hochsengs klettersteigähnlich gesicherte Passagen; durchgehend markiert. Nur für erfahrene Berggänger, Gesamtgehzeit 12–14 Stunden!

Feichtau (1360 m) und Feichtauseen

Beliebte Wanderziele im Sengsengebirge, urig der so genannte Feichtauer Urwald. Am Aufstieg zur Feichtau liegt der winzige Herzerlsee. Anfahrt von Molln bis zum Parkplatz Scheiblingau (588 m), Einkehr im Jägerhaus und auf der Feichtenau (Pölzhütte). Gehzeit etwa 5 Stunden.

INFOS

Nationalparkzentrum Molln: A-4591 Molln, Nationalparkallee 1, Tel. +43(0)7584/36 51, Fax 36 54, nationalpark@kalkalpen.at (geöffnet Mitte April bis Ende Oktober täglich 9–17 Uhr, November bis April Mo–Fr 9–17 Uhr)

Besucherzentrum Ennstal: A-4462 Reichraming, Arzberg 3, Tel. +43(0)7254/84 14-0, info-ennstal@kalkalpen.at

Panoramaturm Wurmbauerkogel: A-4580 Windischgarsten, Dambach 152, Tel. +43(0)7562/205 92-20, panoramaturm@kalkalpen.at (geöffnet Mitte April bis Ende Oktober täglich 9–17 Uhr)

Seminarhotel Villa Sonnwend: A-4580 Windischgarsten, Mayrwinkl 1, Tel. +43(0)7562/205 92, villa-sonnwend@kalkalpen.at

Knappenhaus Unterlaussa: A-8934 Unterlaussa, Tel. +43(0)3631/322 (geöffnet Mai bis Oktober)

5

Nationalpark Gesäuse

Der jüngste Park

Der höchste Gesäusegipfel, das Hochtor, vom Hochzinödl gesehen (links)
Sommergewitter über dem Paltental (nächste Seite)

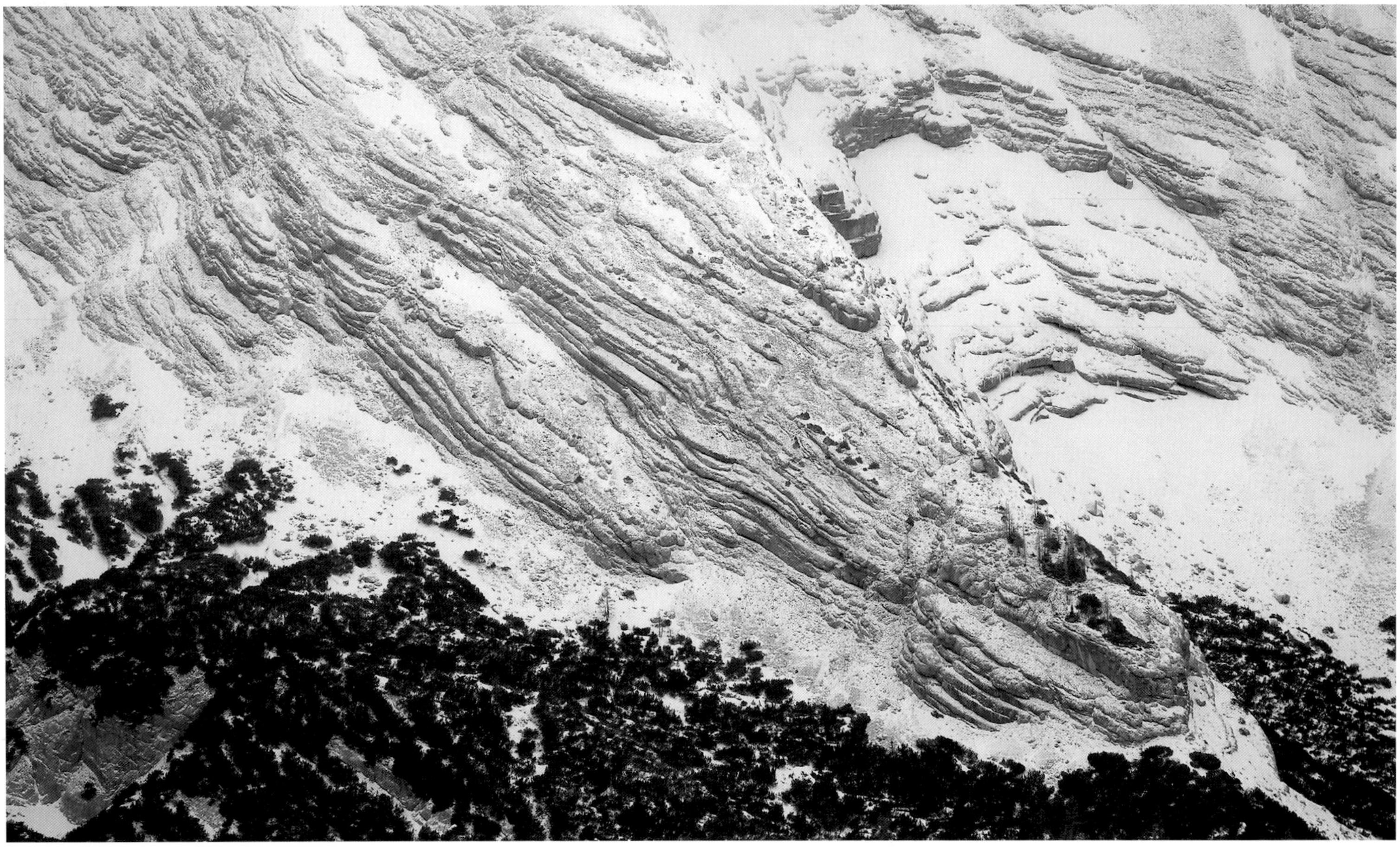

Bei dem kompakten Fels kein Zufall, dass die Gesäuseberge bei den Kletterern so beliebt sind. (oben und unten)
Das Leimkraut blüht in der Umgebung der Heßhütte. (rechts)

5 | Nationalpark Gesäuse

Wenn's unten saust und oben pfeift, weil es ein paar Tage geregnet hat und der Westwind um die Felsen orgelt, dann kann es sein, dass du im »Xeis« unterwegs bist, irgendwo zwischen der Enns, die hier ihren Durchbruch ins Alpenvorland vollzieht, und jenem Dachl, das zwar nicht »golden«, aber noch viel schöner ist. Anderthalb Kilometer unter seinem steinernen, von tausend Wasserrillen ziselierten First bahnt sich das gesammelte Wasser aus einem Einzugsgebiet, das immerhin bis an den Hauptkamm der Radstädter Tauern reicht, seinen Weg durch eine der größten Alpenschluchten, das Gesäuse.

Kühle Bergnatur: die Haindlmauer über der Enns

Hier dominiert die Vertikale, und wer je von der Enns zu einem der Gipfel links oder rechts aufgestiegen ist, wird dem Wörtchen »steil« möglicherweise eine ganz neue Bedeutung abgewinnen. Man muss ja nicht gleich den Spuren des »Schwarzen Peters« folgen, der seinen Häschern regelmäßig entwischte, weil er sich im Xeis eben besser auskannte – einmal sogar oben in den Wänden unter dem Hochtor. »Ennstaler Schritt« heißt heute jene verwegen-luftige Passage, die Andreas Rodlauer, der Bauer und Wilderer aus Gstatterboden, nutzte, um ein weiteres Mal seinen Verfolgern zu entkommen.

Pioniere

Immerhin bildet der legendäre »Peternpfad« den Auftakt zu der klassischen Gesäusetour, die nicht nur steil, sondern vor allem großartig ist: die Besteigung des höchsten Gipfels der Region, des Hochtors (2369 m), von Norden über die Roßkuppe und das erwähnte »Dachl«. Der Abstieg führt dann meistens zur Heßhütte, deren Name an einen Gesäuse-Pionier erinnert. Heinrich Heß, Metallwarenfabrikant aus Wien, war Obmann der »Alpinen Gesellschaft d'Ennstaler«, die hier mehrere Wege erbaute und eine erste

Der jüngste Park

DATEN UND FAKTEN
Fläche: 111 km²
Eröffnet: 2002
Einstufung nach IUCN: Kategorie II
Tiefster Punkt: 500 m (an der Enns)
Höchster Punkt: 2369 m (Hochtor)
Gesteine: Dolomit, Dachsteinkalk
Naturraum: Wald 50 %,
Fels/Geröll 22 %, Latschen 15 %,
Alpine Rasen/Almweiden 10 %
Ortschaft im Nationalpark:
Gstatterboden
Umliegende Ortschaften: Admont, Johnsbach, Weng, Landl, Hieflau
Benachbarte Naturschutzgebiete:
Nationalpark Kalkalpen (im Norden),
Naturpark Eisenwurzen (im Nordosten)

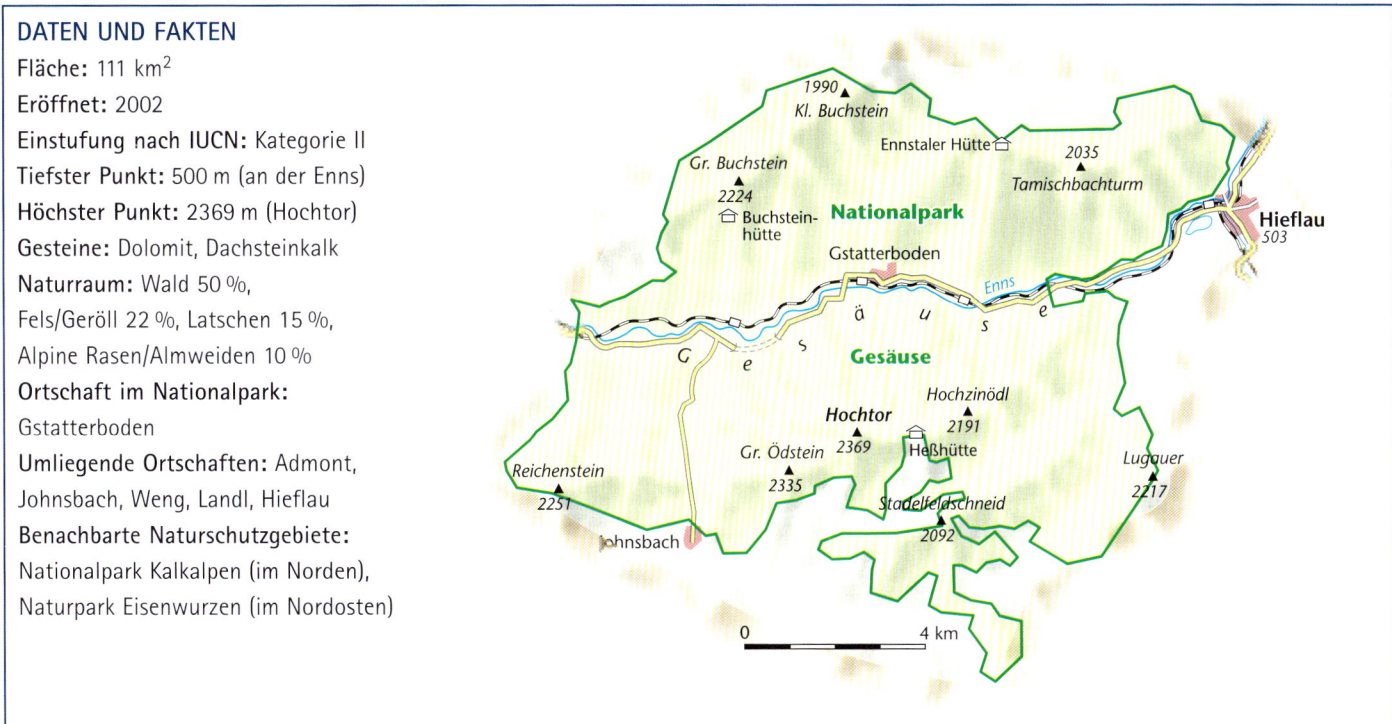

Berghütte unter dem Tamischbachturm. Ihm gelangen diverse Erstbegehungen, pikanterweise öfters in Begleitung des bereits erwähnten, etwas zwielichtigen Gebietskenners aus Gstatterboden.

Da hatte die Zukunft bereits begonnen; seit 1872 dampfte die Eisenbahn durchs Gesäuse. Und sie beförderte nicht nur das Abbauprodukt des Erzberges – den der Volksmund treffend als »Steirischen Brotlaib« bezeichnete – zu den Hochöfen in Steyr, sondern brachte auch Wiener Bergsteiger in das jetzt leichter erreichbare Gesäuse, unter ihnen Berühmtheiten wie Emil Zsigmondy. Dass bereits 1884 ein Touren- und Kletterführer über diese Berge in der k. u. k. Hauptstadt erschien, der erste seiner Art im gesamten deutschsprachigen Raum, unterstreicht den erstaunlichen Aufschwung, den der Alpinismus hier in wenigen Jahren nahm. Bald machte das Wort von der »Wiener Schule« die Runde (im Gegensatz zur »Münchner« im Kaisergebirge), und es wurden immer schwierigere Routen eröffnet. Die fast einen Kilometer hohe Nordwestkante des Großen Ödsteins galt um die Wende vom 19. zum 20. Jahrhundert unter Insidern als eines der großen »ungelösten Probleme«; zahlreiche Versuche scheiterten, bis schließlich den Italienern Angelo Dibona und Luigi Ritzi der Durchstieg gelang – nur ein Jahr, bevor Paul Preuß, der geniale Solokletterer, auftauchte.

Zu den klassischen Kletteranstiegen im Gesäuse gehören der »Jahn-Zimmer-Weg« am Hochtor, die Nordwestkante der Roßkuppe und der Nordostpfeiler des Admonter Reichensteins. Im Gesäuse wurde Kletterhistorie geschrieben, dabei aber auch oft fahrlässig mit den Risiken umgegangen. Vom extrem hohen Blutzoll kann man sich im Bergsteigerfriedhof von Johnsbach ein Bild machen: Über 500 Tote sind aufgelistet. Da verwundert es nicht, dass in Admont – nach Reichenau an der Rax – die weltweit erste Bergrettungsstelle gegründet wurde (1896).

Lebensräume

Bergsüchtige gab es auch schon früher, doch ihr Interesse war wohl weniger ein sportliches. Gabriel Strobl, Benediktinerpater im Kloster Admont – dessen Bibliothek übrigens zu den kostbarsten Europas gehört –, widmete sich ganz dem Aufbau eines neuen naturwissenschaftlichen Museums, nachdem die bestehende Sammlung 1865 Opfer eines Großbrandes wurde. Dass er dabei auch viel in den heimischen Bergen unterwegs war, versteht sich von selbst. Trotzdem dürften nur die wenigsten der rund 250 000 verschiedenen Insekten, die er in seiner mehr als 40jährigen Tätigkeit zusammentrug, aus seiner Heimat stammen.

Außerordentlich artenreich präsentiert sich das Biotop allemal, was seine Ursache in der »vertikalen« Topografie des Gesäuses hat: 1800 Höhenmeter liegen zwischen dem Ennslauf bei Gstatterboden und dem Gipfelkreuz am Hochtor, und das auf einer Horizontaldistanz von nur gerade drei Kilometern! Bei so »beengten« Verhältnissen leben Murmeltier und Rotfuchs schon fast Tür an Tür, können sich die Wege von Reh- und Steinwild durchaus kreuzen. Die Ennsufer säumen spärliche Reste einst ausgedehnter Auwälder, auf den Sandbänken siedelt das selten gewordene Uferreitgras. In den lichten Mischwäldern blüht im Frühling der Frauenschuh, und oberhalb des Lärchen-Zirben-Waldes beginnt die Felsregion, ein Revier, das sich Zwei- und Vierbeiner teilen: Bergsteiger und Gämsen. Was für eine Vielfalt auf kleinstem Raum!

Konflikte

Vielfalt, die es zu schützen gilt, sollte man meinen. Doch hält sich die Akzeptanz des Parks auch fünf Jahre nach seiner Einrichtung in Grenzen. Während Naturschwärmer etwas vollmundig eine einzigartige »Symphonie aus Fels und Wasser« preisen, fürchteten viele im Tal gravierende Einschränkungen. So wurde 1998 eine »Schutzgemeinschaft Nationalpark Gesäuse« gegründet, aber nicht etwa, um den Parkgedanken, der allmählich Fuß fasste, zu fördern, sondern um das Naturschutzgebiet zu verhindern: Logik auf Österreichisch?

Jäger und Landwirte standen dem Vorhaben von Anfang an skeptisch gegenüber, gelegentlich mit recht abstrusen Argumenten (»in Zukunft werden die Jäger den Hirsch vom Rand heraus abschießen, der da drinnen im Nationalpark ist, und den muss man liegenlassen ...«). Konfliktstoff bot (und bietet) auch die Enns, deren – einziger! – unverbauter Abschnitt innerhalb des Parkareals liegt und daher für das kommerzielle Rafting genutzt wird.

Hinauf!

Mit einem leichten Ruckeln hält der Zug: Gstatterboden! Wir steigen aus, schultern den Rucksack und folgen dem Weg in den Wald. »Buchsteinhaus« steht auf dem Schild, und die urige Berghütte der Naturfreunde ist heute unser Ziel. Das »Sausen« der Enns wird bald leiser, dafür rauscht es in den Baumwipfeln. Ein frischer Wind vertreibt die Wolken, gestern hat es noch geregnet, und heute zeigt sich das azurblaue Firmament. Wie frisch herausgeputzt steht die Felsphalanx von Hochtor (2369 m), Festkogel und Ödstein über dem tiefen Graben. Am Brucksattel geht unser Weg in ein endloses Zickzack über, bis schließlich doch noch das von vielen Wettern dunkel gebräunte Blockhaus auftaucht. Von der Terrasse genießt man einen phänomenalen 3-D-Blick, hinab zur Enns, hinüber zur Hochtorkette und – wenn man sich umdreht – hinauf zum Großen Buchstein (2224 m), dessen felsige Südflanke über der Hütte in den Himmel sticht. Von seinem Gipfel überschaut man fast das gesamte, rund 110 Quadratkilometer große Parkareal, von der Hieflauer Gegend bis Johnsbach. Es ist ein Blick, der auch Zusammenhänge verdeutlicht, etwa jenen zwischen dem extrem steilen Profil der Gesäuseberge, dem brüchigen Dolomit, das den Unterbau des Gebirges bildet, und den wilden, oft tief in die Bergflanken eingekerbten Gräben. Ein schönes Beispiel ist der Langgrießgraben – nomen est omen! –, der vom Reichenstein ostwärts zum Johnsbach herabzieht und derart viel Geschiebe anliefert, dass er im Mündungsbereich regelmäßig ausgebaggert werden muss. An den Rändern des Schuttstroms wurde übrigens eine äußerst seltene Spinne, der Sitticus zimmermanni, gesichtet.

Der Oberbau des Großen Buchsteins besteht – wie der aller großen Berge im Gesäuse – aus Dachsteinkalk. Charakteristisch für das Sedimentgestein ist seine markante Schichtung. Über eines dieser Schichtbänder sind wir hochgestiegen zum Gipfel, am sichernden Drahtseil: eine Promenade der besonderen Art, ein leicht verwegener Gang über dem Abgrund. Wer schwindelfrei ist, dem fällt es da schon recht schwer, nicht Xeis-süchtig zu werden.

Wolkenziehen im Gesäuse, am Kleinen Buchstein (oben)
Markant geschichteter Dachsteinkalk an der Westwand der Planspitze (rechts)
Eiseskälte und Sonnenschein – der Reichenstein (nächste Seite)

ENTDECKEN UND ERLEBEN – zu Fuß unterwegs im Nationalpark

Natur entdecken

Viel Interessantes über die Flora und Fauna naturnaher Flusslandschaften vermittelt der Themenweg »Lettmair Au«, mit Infotafeln und interaktiven Stationen. Der Spaziergang an der Enns lässt sich gut mit einem Besuch des originellen »Weidendoms« verbinden, der als größtes »lebendes Bauwerk« in den Alpen gilt. Er beherbergt eine Forschungswerkstatt, die sich vor allem ökologischen Aspekten des Parks widmet (geöffnet Mitte Juni bis Ende September an den Wochenenden von 13–18 Uhr und Anfang Juli bis Anfang September Mi–So 13–18 Uhr). Hat man Kinder dabei, sollte man ausreichend Zeit einplanen!

Auf den Spuren der »Ennstaler«

In der lang gestreckten Senke zwischen der Tieflimauer (1820 m) und dem Tamischbachturm (2035 m) steht die Ennstaler Hütte (1544 m), das älteste Schutzhaus des Gesäuses, vor 120 Jahren von den Mitgliedern der »Alpinen Gesellschaft d'Ennstaler« errichtet. Vom Gstatterboden (577 m) führt ein guter Wanderweg hinauf zur Hütte, 3 Stunden. Als Gipfelziele in der Umgebung bieten sich der Tamischbachturm (1.30 Stunden, markierter Weg) und die Tieflimauer an (Klettersteig, nur für Geübte mit entsprechender Ausrüstung, 1.30 Stunden).

Übers »Dachl«

Die große Gesäusetour führt von der Haindlkarhütte (1121 m) über den legendären »Peternpfad« und das so genannte »Dachl« aufs Hochtor (2369 m). Ein landschaftlich einzigartiger Anstieg mit mehreren ausgesetzten Passagen und oberhalb der Peternscharte am Roßkuppengrat mit Kletterstellen im Schwierigkeitsgrad I–II. Der Abstieg, teilweise gesichert, erfolgt über den »Josefinensteig« zur Heßhütte (1699 m) und weiter über den landschaftlich sehr reizvollen »Wasserfallweg«. Eine Tour durch alle Vegetationsstufen des Gesäuses, von den Ennsauen bis in die felsigen Gipfelregionen. Als Tagestour nur für Konditionsbolzen, besser mit einer Übernachtung in der bestens geführten Heßhütte. Nur für erfahrene Bergsteiger! Aufstieg 6.30 Stunden, Abstieg 4 Stunden.

Zur schönsten Gesäuseaussicht

Die Überschreitung des Großen Buchsteins (2224 m), mit Aufstieg über den gesicherten »Südwandband-Klettersteig«, bietet eine prächtige Aussicht auf das Kerngebiet der Gesäuse(kletter)berge: Planspitze, Hochtor, Großer Ödstein, Reichenstein, Sparafeld, Kalbling. Daneben vermittelt die Tour einen guten Eindruck von der vertikal geprägten Topografie des Gesäuses. Als Tagestour ein ziemlicher Hammer; empfehlenswert ist eine Übernachtung im Buchsteinhaus.

Bibernelle mit Besuch

Der jüngste Park

Gstatterboden (577 m) – Buchsteinhaus (1546 m) – »Südwandband-Klettersteig« – Großer Buchstein, 5.30 Stunden. Abstieg über den Normalweg zum Buchsteinhaus und zum Gstatterboden 3.30 Stunden. Gute Kondition und Erfahrung mit gesicherten Steigen (Ausrüstung!) unerlässlich.

INFOS
Infobüro Nationalpark Gesäuse: A-8911 Admont, Hauptstraße 35, Tel. +43/(0)36 13/211 60-20, info@nationalpark.co.at, www.nationalpark.co.at (geöffnet Mai bis Oktober Mo–Fr 8–18 Uhr, Sa 10–16 Uhr; November bis April Mo–Fr 8–17 Uhr)
Nationalparkpavillon Gstatterboden mit Geologieausstellung (geöffnet Mai bis Oktober täglich 10–18 Uhr, Juli/August/September Sa bis 20 Uhr)

Steinbrech

Er mag es wässrig.

6

Triglav-Nationalpark

Der Park »hinter den sieben Bergen«

*Düsteres Felslabyrinth: die Nordwand des Triglav (links)
Nordansicht eines großen Gebirges. Martuljek, Triglav und Škrlatica
über dem vernebelten Savetal (nächste Seite)*

Natur im Kleinen – entdeckt bei Tolmin, unter dem Triglav, im Sieben-Seen-Tal (rechts unten)

6 Triglav-Nationalpark

Für Bergsteiger, die auf der Nordseite der Alpen, in Bayern oder fern der Zugspitze im flachen Land zu Hause sind, liegen die Julischen Alpen buchstäblich »ganz hinten«. Für die Slowenen sind sie Heimatberge, und schöne dazu. Der Triglav (2864 m) markiert den höchsten Punkt des Gebirges, das nach Westen auch noch ein Stück ins Friaul hineinreicht, und er ist immerhin höher als der größte Karwendelberg. Und von manchen Julischen Gipfeln aus hat man bereits die Adria im Blick, was gelegentlich für monsunartige Niederschläge sorgt, aber auch der Grund für die berühmte Flora der Region ist. Und die steht seit gut fünfundzwanzig Jahren größtenteils unter Schutz, als Triglavski Narodni Park.

Zu den schönsten Landschaften des Parks gehört das Sieben-Seen-Tal. Der Dvojno jezero und die Sieben-Seen-Hütte

Was für ein Bild! Grau der Fels, zerklüftet und hoch in den blauen Himmel stechend, im Vordergrund dunkler Wald. So begrüßte Titos Jugoslawien über Jahrzehnte hinweg seine Sommergäste aus dem Wirtschaftswunderland. Dass die meisten damit nur wenig anzufangen wussten, lag zum einen wohl daran, dass ihr Sommertraum an der Adria lag, gefühlsmäßig wie geografisch fern vom knochentrockenen Kalk der Julischen Alpen, zum anderen an einer Eigenheit österreichischer Passstraßen: sie sind sausteil. So blieb mancher voll beladene Opel oder Borgward am Wurzenpass (1073 m), von der 18-Prozent-Rampe überfordert, mit kochendem Kühlwasser stehen. Wer oben ankam und – nach angemessener Wartezeit vor dem roten Schlagbaum – Gnade in den Augen der strengen Zöllner gefunden hatte, verlor das alpine Zackenprofil bald aus den Augen, auch aus den Gedanken.

Gute alte Zeit. Jugoslawien hat sich längst in die Geschichte verabschiedet, Slowenien gehört zur EU und der Euro zu dem Ländchen hinter den Karawanken. Am Stadtrand von Ljubljana sind Aldi und OBI präsent, nebst den großen Automarken. Über den Wurzenpass fahren nur noch ein paar Touristen, vor allem mit PS-starken Zweirädern und in schwarzes Leder gekleidet. Wer die Strände der Adria zum Ziel hat, nimmt seinen Weg durch den Karawankentunnel. Und die Julischen Alpen?

Der Park »hinter den sieben Bergen«

DATEN UND FAKTEN

Fläche: 838 km²
Eröffnet: 1981 (kleines Schutzgebiet seit 1924)
Einstufung nach IUCN: Kategorie II
Tiefster Punkt: 190 m (bei Tolmin)
Höchster Punkt: 2864 m (Triglav)
Größter See: Bohinjsko jezero (3,1 km²)
Gesteine: Kalk und Dolomit
Umliegende Ortschaften: Kranjska Gora, Mojstrana, Jesenice, Bled, Bohinjska Bistrica, Stara Fužina, Tolmin, Bovec
Benachbarte Schutzgebiete: La Foresta di Tarviso (westlich anschließend, umfasst 240 km² der italienischen Alpi Giulie)

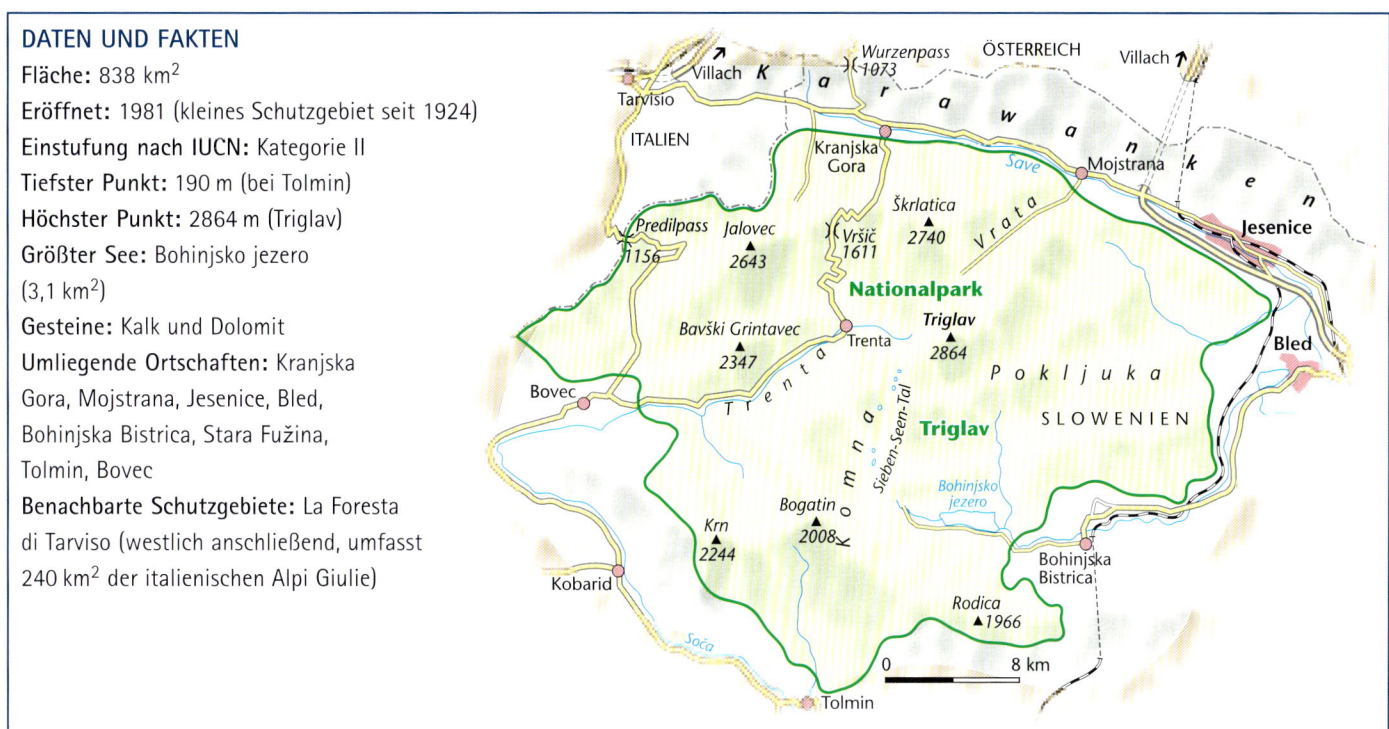

Hinter den sieben Bergen

Wer kennt hierzulande dieses sagenhafte Bergrevier, dessen Gipfel höher als jene des Karwendels sind, das fast so groß ist wie die Ötztaler Alpen? Wo auch 2008 so manches an die »gute alte Zeit« erinnert (siehe oben), die eine oder andere Berghütte etwa, die zu einer Zeitreise einlädt, oder Almen, die in Bayern längst Museumsstatus genießen würden. Straßen gibt es hier nur wenige und der Winter gehört (fast) ganz der Natur. Ausnahmen bilden die Skigebiete am Kanin und bei Kranjska Gora, letzteres mit Blick auf den Klimawandel wohl eher ein Auslaufmodell, und die Skiflugschanzen von Planica unweit der Savequellen, wo sich der erdgebundene Homo sapiens alljährlich mit den Gesetzen der Schwerkraft anlegt – über 200 Meter weit und für ein paar wenige Sekunden.

Parkgeschichte

Vor bald acht Jahrzehnten baute der Ingenieur Stanko Bloudek hier eine erste Schanze (1930). Noch etwas älter ist das Naturschutzgebiet in den Julischen Alpen (1924), im Sieben-Seen-Tal unter dem Triglav – sozusagen die Keimzelle des heutigen Parks. Nach dem Zweiten Weltkrieg dauerte es allerdings lange, bis 1961 das unwesentlich auf 2000 Hektar erweiterte Gebiet zum »Triglav-Nationalpark« erklärt wurde. Nochmals zwanzig Jahre gingen dann ins Land, bis aus dem kleinen Schutzgebiet einer der größten Parks der Alpen wurde, der heute weite Teile der slowenischen Julier umfasst und von Bled im Osten bis zum Predilpass im Westen reicht. Fast 840 Quadratkilometer geschützte Natur, mit einer Kernzone, die etwa zwei Drittel des gesamten Areals umfasst. Hier hat die Natur absoluten Vorrang, gelten entsprechend strenge Vorschriften für Besucher.

In den Randzonen des Parks, also vor allem in Tal- und Hanglagen, wird auf einen Ausgleich zwischen Naturschutz und einer extensiven Landwirtschaft hingearbeitet. Vor allem im Westen des Parks, im Einzugsgebiet der Soča, ist seit Jahrzehnten eine starke Abwanderung zu verzeichnen, wurden auch die meisten Almen aufgegeben. Anders in der Wochein (Bohinj), wo die Almkultur – und damit die Viehwirtschaft – eine tausendjährige Tradition hat. Früher wurde viel Butter hergestellt und nach Triest verkauft; nach 1873 wurde dann auch gekäst, nach »Schweizer Art«. Mittlerweile versucht man, durch verschiedene Anreize wie Subventionierung und Direktvermarktung den Bergbauern das Verbleiben auf ihrer Scholle etwas schmackhafter zu machen – ein recht schwieriges Unterfangen.

In den Randzonen des Parks ist auch der Tourismus zu Hause. So hat sich die waldreiche Hochfläche der Pokljuka mit ihren Hochmooren und Schluchten zu einem Wintersportdorado entwickelt. Alljährlich finden hier Biathlon-Weltcuprennen statt.

Der Bär ist los!

Was in Oberbayern 2006 zum Politikum wurde und mit dem Abschuss von Bruno, alias JJ1, endete, ist in Slowenien »Bärenalltag«. Landesweit liegt die Population bei mehreren hundert Tieren, ähnlich wie im benachbarten Kroatien, und auch im Nationalpark – vor allem in der waldreichen Pokljuka – wird der *Ursus arctos* gelegentlich gesichtet, ohne dass er hier richtig heimisch geworden wäre. Mit Erfolg wieder angesiedelt werden konnte der Luchs, wie vor gut hundert Jahren auch der Steinbock (*Capra ibex*), der in alpinen Hochlagen zu Hause ist. Größeren Rudeln dieser Kletterkünstler kann man auf den Kriški podi, in der Sovatna und rund um den Triglav begegnen.

Triglav-Nationalpark

Die Komna

Im Süden des Nationalparks liegt seine »Keimzelle«, jenes anderthalb Quadratkilometer große Gebiet, das bereits 1924 zur Schutzzone erklärt wurde: das Tal der Sieben Seen (Dolina Triglavskih jezer), eingebettet in die herb-schöne Karstlandschaft der Komna. Julius Kugy, der historische Pionier der Julischen Alpen, hat sie sehr treffend charakterisiert: »Es ist ein Land, das nicht lächeln kann, so tiefernst haben die schaffenden Naturkräfte sein Antlitz gebildet, seine Züge gegraben und seine Farben gewählt.«

Die Komna gleicht einer riesigen steinernen Schüssel, die sich vom Kuk (2095 m) nach Norden bis an die Gipfelfelsen des Velico pičje (2398 m) erstreckt. In den tieferen Lagen überwiegend bewaldet, zeigt sie sich oberhalb der Almregion als eine öde, von Karen und Dolinen gezeichnete Mondlandschaft. Daraus ergeben sich faszinierende Kontraste, und die erlebt man am schönsten auf einer Wanderung aus der Wochein (Bohinj) durch das Sieben-Seen-Tal bis zum Fuß des Kanjavec (2569 m). Berühmt ist die Flora der Region, die bereits Belsazar Hacquet (1740–1815) beschrieb, und dem einmaligen Zauber dieses Landstrichs wird sich kaum jemand entziehen können. Geformt wurde er von eiszeitlichen Gletschern; dann übernahm das Wasser die »Feinarbeit«, wusch Stein um Stein aus und schuf fantastische Reliefs. Bergstürze hinterließen riesige Geröllhalden, dazwischen liegen die Sieben Seen, aufgereiht wie die Perlen an einer Schnur.

Ins Tal der Sieben Seen

Die große Wanderung startet drunten im Tal des Wocheiner Sees (Bohinjsko jezero, 525 m), dem mit einer Fläche von etwas über drei Quadratkilometern größten See Sloweniens. Auch er ist eine »Hinterlassenschaft« der Eiszeit, geformt von der Kraft des fließenden Gletschers, der die Moränenwälle an seinem unteren Ende, um Stara Fužina, zurückließ. Der »Zugang« in das faszinierend schöne Hochtal führt über die felsige Komarča-Wand, vorbei am Slap Savica. Fast 80 Meter hoch, bietet der von mehreren Karstquellen gespeiste Wasserfall vor allem während der Zeit der Schneeschmelze ein beeindruckendes Naturschauspiel.

Mit Wasser in Form vieler Schweißperlen kämpft so mancher Wanderer beim Aufstieg über die steile Komarča-Wand. Am Črno jezero (1390 m), dem siebten See (man zählt hier von oben nach unten), ist dann die erste Rast fällig. Er liegt in einer schattigen Mulde unter den Felsabbrüchen des Stador. Seinen Namen (črno = schwarz) verdankt er dem dunklen Wasserspiegel, der eine zoologische Rarität verbirgt: den endemischen, also räumlich nur begrenzt auftretenden *Triturus alpestris lacus neri*, eine Bergmolch-Unterart. Auch botanische Seltenheiten finden sich rund um das Gewässer, Vertreter der mediterranen und alpinen Flora wie die Glänzende Edelraute, den Feinblättrigen Streifenfarn und die Julische Flockenblume.

Auf dem Weiterweg überwindet man beim Bela skala, dem »Weißen Felsen«, die Talstufe zur Oberen Komna (Zgornja Komna); im Sommer blüht hier ein weiterer Endemit, die Krainer Lilie (*Lilium carnicolium*). Bald einmal taucht der Doppelsee (Dvojno jezero) auf, an dessen Nordufer die Sieben-Seen-Hütte (1683 m) steht, der zentrale Tourenstützpunkt hier. Ganz in der Nähe kann man mit etwas Glück die seltene Alpenscharte (*Rhaponticum scariosum*) und das Hacquet-Läusekraut (*Pedicularis hacquetii*) entdecken. Das unüberhörbare Gurgeln am südlichen Ufer des Doppelsees (eigentlich zwei Seen, die bei hohem Wasserstand jeweils zusammenlaufen) erklärt sich aus den unterirdischen Abflüssen des malerischen Gewässers. In der Umgebung der Hütte sind bereits verschiedene Formen der Verkarstung zu beobachten, vermehrt dann natürlich beim Weiterweg talaufwärts, weil hier zunehmend blanker Fels zutage tritt, nur da und dort von Schutt bedeckt. Am Nordufer des Veliko jezero (Großer See, 1830 m) fällt ein bizarrer, nierenförmiger Felszahn ins Auge, die »Ledvica« (= Niere).

Nur gerade zwei Meter tief ist der dritte Triglavsee, der Zeleno jezero (Grüner See, 1998 m), den Algen eingefärbt haben. Und keine 200 Meter weiter nördlich liegt schon der Rjava mlaka (2006 m), der zweite See, von dem man in wenigen Minuten hinaufsteigt zur Prehodav-Hütte (Zasavska koča na Prehodavcih, 2071 m) in schöner Aussichtslage am Grat. Eine besondere Bewandtnis hat es mit dem ersten und zugleich obersten Triglavsee, dem Jezero pod Vršacem: Er entwässert nicht, wie man annehmen würde, ins Sieben-Seen-Tal, sondern nordwärts und unterirdisch in die Trenta.

Der Triglav

Von der Prehodav-Hütte schaut man nicht nur hinab in die Trenta und hinüber zum Jalovec (2643 m), einem der formschönsten Gipfel der slowenischen Julier; links neben dem massigen Kanjavec zeigt sich jener Berg, der dem Park seinen Namen gab: der Triglav

Am Dvojno jezero (Doppelsee)

Der Park »hinter den sieben Bergen«

Der ganze Gipfelstolz Sloweniens, der sagenumwobene Triglav

(2864 m). Keiner hier ist höher, keiner berühmter – und keiner wird öfters bestiegen. Hacquet scheiterte bei seinem Versuch, zum Gipfel zu kommen; besser machte es im Jahr 1778 eine Gruppe Einheimischer, angeführt von dem Arzt Willonitzer. Sie nahmen – wie der aus Frankreich stammende Botaniker auf der Suche nach seiner Wunderblume, der *Scabiosa trenta* (die er nie fand) – den Weg aus der Wochein und »erkletterten längs der Schneide des nördlichen Randes den höchsten Punkt des Triglav. Willonitzer fand den Platz auf dem Gipfel so groß, dass etwa 30 Personen darauf stehen könnten, aber keine Spur, dass jemals Menschen vor ihnen oben gewesen wären«.

Das hat sich inzwischen gründlich geändert; nur kommen die meisten heute von Norden, bietet die Anreise von Mojstrana durch das »Tor« (Vrata) doch jene perfekte »Dramaturgie der Annäherung«, wie sie Hollywood nicht treffender in Szene hätte setzen können: gut zehn Kilometer, aus den grünen Niederungen der Save durch das Engtal, fast keine Aussicht, nur ab und zu zeigt sich über den bewaldeten Steilhängen grauer Fels – und dann steht sie unvermittelt vor einem, die Nordwand des Triglav, riesig, überragt vom hochgewölbten Gipfeldom. Kein weitläufiges, verkarstetes Vorgelände wie auf der Südseite, das ein allmähliches Näher- und Höherkommen erlaubt, sondern eine gewaltige Mauer, die mit ihren felsigen Flügeln das Talende umschließt, fast zwei Kilometer

über dem Aljaž-Haus. Kugy meinte zu Recht, der Triglav sei kein Gipfel, sondern ein ganzes Reich – ein Zauberreich, denkt man an all die Legenden, die sich um den Berg ranken. Über die Grenzen Sloweniens hinaus bekannt wurde die Sage von Zlatorog, dem Gämsbock mit den goldenen Krickeln, 1868 von Karl Deschmann in Ljubljana veröffentlicht und später durch Rudolf Baumann in epische Verse gesetzt.

In noch fernere Zeiten zurück weist auch der Name Triglav (sprich: Triglau): »tri« für drei, »glava« für Haupt. Ein Berg mit drei Häuptern? Nein, anzunehmen ist eher ein Zusammenhang mit der altslawischen Mythologie: der Triglav, Herrscher über Luft, Wasser und Erde.

Soča und Save

Oben an der Passhöhe des Vršič (1611 m) scheiden sich die Wasser zwischen den beiden großen Flüssen der Julischen Alpen, zwischen der Save, die dem Schwarzen Meer zufließt, und der Soča, die zur Adria hin entwässert. Ihre Quellen liegen am Nordosthang der Hohen Ponza und in der oberen Trenta. Hier entspringt der schönste Bach der Region, die Soča, eine der vielen Karstquellen in den Julischen (Kalk-)Alpen. Wie im unmittelbaren Austrittsbereich bildet sie auch flussabwärts schöne Schluchten, so etwa beim Weiler Soča. Auf einer Länge von fast einem Kilometer zwängt sich das smaragdgrüne, klare Wasser hier durch ihr enges Bett; die moosbedeckten Felswände sind an den engsten Stellen gerade mal zwei Meter voneinander entfernt.

Historie

Nur ein paar Kilometer weiter westlich bildet die Koritnica an ihrem Durchbruch zwischen Rombon und Krnica die mit 70 Metern tiefste Schlucht Sloweniens. An den sonnigen Hängen der Klamm stehen Hopfenbuchen und Mannaeschen, hier blüht die Wocheiner Schwertlilie (Iris cengialtii). Die Engstelle am einst wichtigen Handelsweg über den Predilpass (1156 m), heute Grenze zwischen Italien und Slowenien, war bereits im 15. Jahrhundert befestigt. Die Serenissima errichtete damals an dieser Stelle eine hölzerne Talsperre. Die bestehende Anlage von 1882 geht auf die Österreicher zurück.

Daran, dass dieser Winkel Europas in der Geschichte oft umkämpft war und die Herren immer mal wieder wechselten, erinnert auch die »Mangart-Alpenstraße«. Sie wurde in den 1930er-Jahren von italienischen Genietruppen angelegt, führt von der Predil-Route in kühner Trassierung bis hinauf zu einer Gratsenke, die 2055 Meter hoch ist und – ganz typisch für die Gegend – gleich drei Namen hat: Klanška škrbina, Lahnscharte, Forcella della Lavina. Zwischen den beiden Weltkriegen gehörte das gesamte Sočatal bis zum Triglav zu Italien; der Fluss hieß damals Isonzo. Der Name wiederum erinnert an eine der größten Schlächtereien des Ersten Weltkriegs: die insgesamt zwölf Isonzo-Schlachten mit ein paar hunderttausend Opfern auf beiden Seiten. Nur eine Fußnote: Ernest Hemingway war als Sanitäter an der Front, wurde dabei verwundet und verarbeitete seine Eindrücke später literarisch (»In einem andern Land«, 1929).

Mangart

Wir sind ganz friedlich gestimmt, »erobern« lediglich einen Gipfel, und dazu noch einen der schönsten in den Julischen Alpen: den Mangart (2677 m). Er steht auf einer Grenze, die diesen Namen kaum mehr verdient. Im Osten liegt Slowenien, im Westen Italien – Julische Alpen allerdings hier wie dort, und ein Naturschutzgebiet gibt es auf italienischer Seite auch.

Erosion, unübersehbar am Fuß des Prisojnik (oben)
Überlebenskünstler an der Triglav-Nordwand (rechts)
Wolkentanz und Lichtspiele am Mangart (nächste Seite)

ENTDECKEN UND ERLEBEN – zu Fuß und mit dem Rad unterwegs im Nationalpark

Ihre Majestät lässt bitten
Der 1995 angelegte Lehrpfad beginnt am Ortsrand von Mojstrana (641 m) und führt – mit einem Abstecher zum sehenswerten Peričnik-Wasserfall – durch das Vratatal bis zum Aljažev dom (1015 m), 3 Stunden. Schlussbild: die riesige Nordwand des Triglav (2864 m).

Der Gipfel Sloweniens
Grandiose Hochgebirgsbilder bietet eine Überschreitung des Triglav (2864 m) mit Aufstieg über die Luknja (1758 m) und den gesicherten »Bamberg-Steig«, Abstieg über den Ostgrat; insgesamt ab Aljažev dom (1015 m) 10.30 Stunden. Übernachtung im Triglavski dom (2515 m) ratsam. Nur für erfahrene Bergsteiger!

Sloweniens höchste Alpenstraße
Eine echte Herausforderung für gut trainierte Radler bildet die »Mangart-Alpenstraße«. Sie ist mittlerweile durchgehend asphaltiert und eignet sich also auch für jene, die dünne Reifen den dicken Stollen vorziehen. Ab Bovec (460 m) im Tal der Soča ist auf 27 Kilometern bis zur Lahnscharte (2055 m) immerhin ein Höhenunterschied von 1600 Metern zu bewältigen, mit Steigungen bis zu 12 Prozent; 2.30 Stunden. Und wer's ganz knackig mag, besteigt anschließend gleich noch den Mangart (2677 m) …

Erlebnis Trenta
Der rund 20 Kilometer lange Lehrpfad folgt dem Lauf der Soča von ihrer Quelle bis nach Bovec (460 m). Die wenig anstrengende Wanderung lässt sich gut mit einem Besuch des »Alpengartens Juliana« und des Besucherzentrums in Na Logu verbinden. Faszinierend: der smaragdgrüne Fluss, die Bergkulisse mit dem mächtigen Jalovec (2643 m) und das schon sehr südliche Ambiente des Talkessels von Bovec. An der Straße zum Vršič-Pass steht das Denkmal für Julius Kugy (1858–1944), den großen Pionier der Julischen Alpen.

Ins Zentrum des Nationalparks
Das Sieben-Seen-Tal mit seinen idyllischen Gewässern und der überreichen Flora gilt als eigentliches Herzstück des Parks. Wer die Julischen Alpen kennen lernen will, muss einmal vom Wocheiner See hineinwandern in diesen zauberhaften Bergwinkel und hinauf bis zur Zasavska koča na Prehodavcih (2071 m). Guter, viel begangener Weg, von der Koča pri Savici (653 m), 6 Stunden; Abstieg am schönsten nach Norden in die Trenta, bis Na Logu (620 m) etwa 3 Stunden.

Ins Bergesinnere
Den tiefsten Punkt des Nationalparks markiert die Tolminer Schlucht (Tolminska korita), die der Tolminkabach tief ins Gestein gegraben hat. Die eindrucksvolle Klamm kann auf einem jüngst sanierten und gesicherten Steig besucht werden. Einen sehr prominenten Besucher verzeichnete die Schlucht bereits vor 800 Jahren: Dante Alighieri, der sich dabei – heißt es zumindest – zu seiner »Göttlichen Komödie« inspirieren ließ. Eingang zur Schlucht (Parkplatz) nördlich von Tolmin (200 m) an der Straße nach Čadrg. Halbtagsausflug.

INFOS
Parkverwaltung mit Besucherzentrum in Bled: Ljubljanska cesta 27, SI-4260 Bled, Tel. +386/(0)4/578 02 00, triglavski-narodni-park@tnp.gov.si, www.tnp.si (ganzjährig geöffnet)
Besucherzentrum Na Logu: SI-5332 Soča, Tel. 05/388 93 33 (geöffnet Ende April bis Ende Oktober 10–18 Uhr, Anfang Dezember bis Ende April 10–14 Uhr)
Pocar-Hof in Mojstrana: Zgornja Radovna 26, SI-4281 Mojstrana, Tel. 04/578 02 00 (geöffnet Ende Juni bis Ende September, Fr-So 11–18 Uhr)
Alpengarten Juliana: Trenta, SI-5332 Soča, Tel. 05/384 19 10 (an der Straße von Na Logu zum Vršič; geöffnet Mai bis September täglich 8.30–18.30 Uhr)

Zwei Endemiten der Julischen Alpen: die Zois-Glockenblume (links) und die Krainer Lilie (rechts)
Am Aufstieg zum Kanjavec (rechte Seite)

7

Parco Nazionale delle Dolomiti Bellunesi

Der Sonnenpark

Typisch für die Belluneser Dolomiten: wilde, fast unzugängliche Gräben, senkrechte Felsen. (links)
In den tieferen Lagen sind die Belluneser Dolomiten vielfach dicht bewaldet, wie im Val de l'Art (nächste Seite)

Blütenzauber der Südalpen: Silberwurz (oben), Windröschen (unten) ...

... Zwergbuchs (oben) und Löwenzahn (unten)

7 Parco Nazionale delle Dolomiti Bellunesi

Im Süden, das wissen wir, scheint die Sonne öfter, und auch deshalb zieht es uns seit Goethes Zeiten immer wieder in mediterrane Gefilde. Dass es sich lohnt, dafür die Alpen fast ganz zu durchqueren, beweist der Nationalpark im Veneto auf das Schönste: Kaum anderswo sind die Dolomiten wilder, die Talschluchten unzugänglicher, sind die Wege dorniger – und Schlangen häufiger. Alpine Wildnis unter südlicher Sonne – das bieten die »Monti del Sole«.

Was für eine Skulptur! Die Gusela del Vescovà am Westgrat der Schiara

In solchen Momenten wünscht du dir, es gäbe keine Zeit, die vergeht; da möchtest du den Moment festhalten, ihn nicht nach einem Wimpernschlag schon Vergangenheit werden lassen. Dabei weißt du natürlich, dass die Erde sich um ihre Achse dreht und die Sonne deshalb untergehen wird, in ein paar Minuten schon. Dann wird das weiße Leuchten auf den Wolkenbänken, die unter mir in den Tälern der südlichen Dolomiten zwischen Pala, Pelmo und Antelao hängen, in fahles Grau übergehen, das letzte Feuer des Tages am Sass Maor dunkelrot verglühen. Am Himmel blinken die ersten Sterne, und die Guselà del Vescova, dieser Eros-Felsen, ist nur noch ein tiefschwarzer Schattenriss vor dem Firmament.

Ich steige ab, bevor es ganz dunkel wird; das Licht der Stirnlampe tanzt über die steilen Schrofen, dann stehe ich vor meinem »Albergo Belvedere«. Es liegt mitten im Nationalpark, bietet zwar wenig Komfort, dafür aber eine traumhafte Lage und Platz für sechs ausgewachsene Bergsteiger: das Bivacco Bernardina an der Schiara. Wir sind nur zu zweit, Manni und ich, an diesem Oktoberabend. Es ist zwar kühl draußen, aber nicht richtig kalt; im Haus sind genug Wolldecken, und unsere Schlafsäcke haben wir natürlich auch dabei.

Der Sonnenpark

DATEN UND FAKTEN
Fläche: 315 km²
Eröffnet: 1993
Einstufung nach IUCN: Kategorie II
Tiefster Punkt: 405 m (am Cordévole)
Höchster Punkt: 2565 m (Monte Schiara)
Gesteine: Hauptdolomit, Schlerndolomit
Umliegende Ortschaften: Feltre, Belluno, Fiera di Primiero, Rivamonte, Agordo, Forno di Zoldo, Longarone
Benachbarte Naturschutzgebiete: Parco Naturale Paneveggio – Pale di San Martino (nordwestlich)

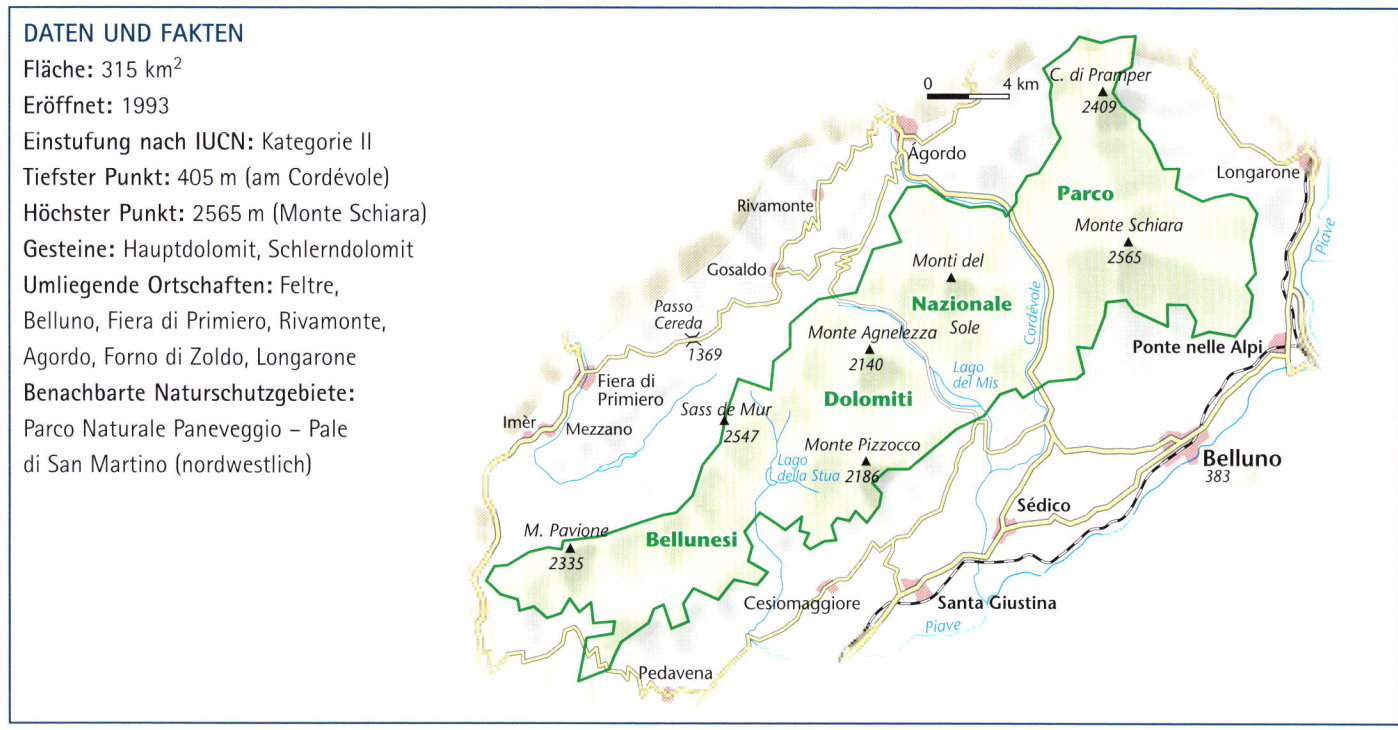

Auf der Schiara

Am nächsten Morgen, nachdem die Sonne uns mit einem fantastischen Farbspektakel begrüßt hatte, sind wir hinaufgestiegen zum Gipfel der Schiara (2565 m), dem »Dach« des Parks, und wir waren gespannt auf ein Panorama der besonderen Art: die Dolomiten aus der Südsicht. Da zeigt so mancher vertraute Gipfel ein ganz anderes Profil, sind weder Cimòn della Pala noch Civetta auf Anhieb zu erkennen. Und im Osten, jenseits des Piave, erstreckt sich ohnehin eine unbekannte (Berg-)Welt: terra incognita.

Nicht viel geläufiger sind uns die Namen der Gipfel, die innerhalb des »Parco Nazionale Dolomiti Bellunesi« liegen: Serva (2132 m), Talvena (2541 m), Feruch (2121 m), Pizzocco (2186 m) oder Mura (2550 m). Was beweist, wie gut diese Region abgeschirmt ist von Marmolada, Drei Zinnen & Co. In die Täler und auf die Berge südlich der Pala, im Rücken von Civetta-Moiazza verirren sich nur wenige, die mit dem Rucksack über den Brenner angereist sind: keine Dreitausender, keine berühmten Kletterwände, keine Drei-Sterne-Sensationen. Dafür eine wilde Landschaft, in die der Mensch verhältnismäßig wenig eingriff. Das weitgehende Fehlen wirtschaftlicher Perspektiven, auch touristischer, führte zu einer Abwanderung aus den Bergtälern in die nahen Ballungszentren; Almen verwildern allmählich und in manchen Dörfern blieben nur die Alten zurück.

Innovationen

Eine Region im Windschatten des Fortschritts, könnte man meinen. Dass der nicht unbedingt Landschaft fressend mit Stahl und Beton daherkommen muss, beweist der 1993 gegründete Park. Was Piero Rossi und Giovanni Angelini vor bald einem halben Jahrhundert anmahnten – »Tragt Sorge zur Natur, sie ist eure Heimat!« –, wird mittlerweile am Südrand der Dolomiten, zwischen Cismon-Durchbruch und Piavetal, konsequent umgesetzt. So werden in dem Projektrahmen »Fossil Free« diverse Alternativtechnologien entwickelt, die ein umweltneutrales Wirtschaften in Bergregionen erleichtern: etwa Solarmodule statt Dieselaggregate oder Nutzung der natürlichen Ressourcen wie Holz und Wasser. Sogar ein richtiges »Ideen-Schaufenster« ist im Valle del Mis mit seinem Stausee geplant. In dem Tal, das nach den verheerenden Unwettern von 1966 weitgehend von der Umwelt abgeschnitten und dann der Verwahrlosung preisgegeben war, soll aktiv für eine umweltfreundliche Zukunft geworben werden.

Vom Gipfel der Schiara aus ist das Valle del Mis nicht zu sehen; es versteckt sich hinter einer Bergkette, die – in doppeltem Sinn –

Blick über den Piave, vom Monte Serva auf den Monte Messer in den Karnischen Alpen

Parco Nazionale delle Dolomiti Bellunesi

An der »Via ferrata Berti«, im Aufstieg zum Schiara-Gipfel

einen geradezu programmatischen Namen trägt: Monti del Sole. »Bel tempo« ist in den südlichen Dolomiten ja nicht gerade selten, doch hier ist die Sonne tatsächlich der wichtigste Wirtschaftsfaktor. In Ágordo und in den Dörfern am Piave werden Milliardenumsätze gemacht – mit der Herstellung schicker Sonnenbrillen, die in den Edelboutiquen zwischen New York, Dubai und Moskau verkauft werden.

Die »Sonnenberge«

Die Monti del Sole gelten als das wilde Herz des Parks – zu Recht, denn hier fokussiert sich all das, was die Dolomiti Bellunesi so unvergleichlich macht, denn hier darf man Attribute wie »schwer zugänglich« und »absolut einsam« durchaus wörtlich nehmen. Belluno ist lediglich zehn Kilometer entfernt, doch in den von Macchia überwucherten, steinigen Talgräben, über denen bizarre Felsen in den Himmel wachsen, fühlt man sich wie auf einem anderen Planeten. Im Sommer herrscht eine brütende Hitze, und wenn's im Unterholz raschelt, macht sich vermutlich gerade eine Viper aus dem Staub. Die Schlangen leben hier prächtig, kein Bauer stellt ihnen mehr nach und schlägt sie tot. Wer zu einer Expedition in die Monti del Sole, in diese andere, stillere Welt, aufbricht, sollte sich also auf entsprechende Begegnungen einstellen. Das einzige »Hotel« der Region steht im innersten Val Feruch und bietet ähnlichen Komfort wie unsere »red box« an der Schiara.

Auf den Berg, in den Berg

Die Erstbesteigung des höchsten »Sonnengipfels« geht – erstaunlich! – auf das Konto eines Münchners. Gottfried Merzbacher erreichte den Pizzon (2240 m) im Sommer 1878, geführt von Santo Siorpaës. Später verschlug es ihn in noch weit abgelegenere Weltgegenden, in den Kaukasus und nach Zentralasien.

Der Pizzon gilt als Wetterberg von Agordo. An seiner Nordflanke, liegt eine große, nach unten hin offene Doline, die eine Art Schacht bildet. Steigt Nebel aus dem Bus delle Naole auf, wissen die Agordiner, dass ein Wetterumschwung bevorsteht.

Für jene Kumpel, die über Jahrhunderte hinweg am Fuß des Pizzon, im Val Imperina, ihr Brot verdienten, hatte das Wetter eine ganz andere Bedeutung. Ihr Arbeitsplatz war im Berg, wo sie nach dem kupferhaltigen Pyrit schürften. Das Bergwerk im Valle Imperina galt zur Zeit der Serenissima als eines der bedeutendsten Europas; es wurde bis 1962 – zuletzt durch den Staatsbetrieb Montecatini – betrieben, dann dem Verfall preisgegeben. Zwischenzeitlich in Teilen restauriert, beherbergt die ehemalige Minenstadt ein Besucherzentrum des Parks mit Museum.

Goldgräberstimmung muss früher am Oberlauf des Misbachs geherrscht haben. Hier wurde nach Zinnober geschürft, dem Ausgangsmaterial zur Gewinnung von Quecksilber. Die Kumpel wohnten in einem eigenen Dorf – einer kleinen »Goldgräberstadt« –, deren Ruinen aber längst überwuchert sind. Nur der Name blieb: California.

Le Vette

Ganz im Westen des Parks erheben sich im Hinterland des Städtchens Feltre die Vette: ein lang gestreckter, in west-östlicher Richtung verlaufender hoher Kamm mit der flachen Graspyramide des Monte Pavione (2335 m) als Kulminationspunkt. Was für ein Kontrast zu den Zackensilhouetten der Schiara und der Monti del Sole! Ganz typisch für die Vette Feltrine sind ihre auf der Südseite eingelagerten Hochkare, die sogenannten »Buse« – eine Hinterlassenschaft der Eiszeit. An ihrem Rand steht eine CAI-Hütte, und dass sie nach einem namhaften Geologen benannt wurde, ist natürlich kein Zufall. Giorgio Dal Piaz verfasste über die Vette Feltrine eine lesenswerte Monografie; er wirkte an der Universität Padua (und verfasste eine frühe zum Vajont-Stausee).

Höhlen und Blumen

Höhlenforscher interessieren sich besonders für die Piani Eterni, ein riesiges, teilweise bewaldetes Karstplateau, das zwischen der aus Hauptdolomit aufgebauten Cinonegagruppe und dem gewaltigen Felsmonolithen des Monte Pizzocco (2186 m) liegt. Hier wurden über 200 Höhlen entdeckt; die größte ist bis in eine Tiefe von 966 Meter erforscht worden.
Kaum weniger bekannt ist die Almregion der »Endlosen Ebenen« (Piani Eterni) für ihre artenreiche Flora. Ähnlich »blumig« gibt sich der Monte Serva (2133 m) im südlichen Vorfeld der Schiara. An seinen Südhängen kann man mit etwas Glück die eine oder andere Rarität entdecken, darunter echte Endemiten. Sie sind in den Dolomiti Bellunesi besonders zahlreich, weil – ähnlich wie drüben am Gardasee – die Gipfel von der eiszeitlichen Vergletscherung ausgenommen blieben. Hier hat die prächtige Krainer Lilie (*Lilium carniolum*) ihre westlichsten Standorte, und man entdeckt in senkrechten Felsen eine besonders schöne Glockenblume, die *Campanula morettiana* – zwei von insgesamt 1400 Pflanzen, die im Parkareal nachgewiesen sind. Die blaue Morettiana-Glockenblume ziert übrigens das Emblem des Nationalparks.

Abstieg

Sie ist längst verblüht an diesem Oktobertag in der Schiara. Dafür zeigt der Himmel sein tiefstes Blau, und die Bäume präsentieren sich in herbstlicher Farbenpracht. Wir sind über die »Via ferrata del Marmòl« zum Rifugio 7° Alpini abgestiegen, haben uns dann eine Rast auf der Bank vor dem (geschlossenen) Haus gegönnt – mit dem Rücken zum Tal. Denn in Gedanken sind wir noch lange nicht drunten angekommen, unser Blick geht hinein in die Südwand der Schiara, über die wir gestern aufgestiegen sind, hinauf zur Guselà und zum Gipfel: Bergsteigerglück. Und Freude an der Natur.

Süddolomiten, vom Monte Serva aus gesehen: Schiara, Pelf, Pelmo und Civetta (oben)
Im letzten, schwachen Sonnenlicht: die Gusela del Vescovà und das Bivacco Bernardina (nächste Seite)

ENTDECKEN UND ERLEBEN – zu Fuß unterwegs im Nationalpark

Ins felsige Herz des Parks

Ein absolutes Highlight ist die Überschreitung der Schiara (2565 m) auf Klettersteigen. Als Tagestour nur für echte Konditionsbolzen, besser mit einer Übernachtung auf dem Rifugio 7° Alpini, noch schöner im Biwak Bernardina. Nur für erfahrene Bergsteiger, die sich mit Vie ferrate auskennen. Grandioses Panorama vom Gipfel bis weit in die Adria und zum Apennin. Anfahrt von Belluno bis Case Bortot (694 m).

Case Bortot – Rifugio 7° Alpini (1502 m) – »Via ferrata Zacchi« – Bivacco Bernardina (2320 m) – »Via ferrata Berti« – Schiara – Bivacco Marmol (2266 m) – »Via ferrata Marmol« – Rifugio 7° Alpini – Case Bortot, 11 Stunden.

Wo es grünt und blüht

Der Monte Serva (2133 m) ist nicht nur ein herrlicher Blumenberg (Frühsommer!), sondern auch ein exzellenter Panoramapunkt mit herrlichem Adriablick. Anfahrt von Belluno bis zur Talstation einer Materialseilbahn (Cargador, 1035 m), dann gut 3 Stunden zum Gipfel. Markierter Weg, im Sommer sehr sonnig (früh losgehen!).

Was für ein Berg!

Eigentlich muss man sich den Monte Pizzocco (2186 m) von Norden angucken, etwa von den Torri di Cimia aus, zeigt er da doch sein unvergleichliches Profil als doppelgipfliger Riesenturm. Von Süden lässt er sich vergleichsweise leicht besteigen; der Normalweg, mit leichten Kletterstellen (I) gewürzt, ist sogar markiert. Dank der weit nach Süden vorgeschobenen Lage bietet er ein einmaliges Panorama. Anfahrt von San Gregorio nelle Alpi bis zu den Häusern oberhalb von Roncoi (747 m), dann 3.30 Stunden Aufstieg. Etwa auf halber Wegstrecke steht das Bivacco Palia (1577 m).

Terra incognita

In einen weltabgeschiedenen Winkel des Parks führt die landschaftlich sehr reizvolle, aber nur mäßig anstrengende Wanderung durchs Val Pramper hinauf zum Rifugio Sommariva (1857 m). Anfahrt von Forno di Zoldo bis zu einem kleinen Stausee, dann 2.30 Stunden zur Hütte. Sehr schöne Gebirgskulisse mit dem Zackengrat der Mezzodì und der Cima di Pramper (2409 m). Viele Gämsen, interessante Flora mit mehreren Endemiten.

Endlose Weiten?

Recht weitläufig sind sie schon, die Piani Eterna, die sich zwischen der Cimonegagruppe und dem Monte Pizzocco verstecken, ein Karstplateau, teilweise bewaldet und mit bekannt reicher Flora. Anfahrt von Feltre durchs Valle di Canzoi bis zum aufgestauten Lago di Stua (696 m).

Die Blume des Parks, ihr Symbol: Campanula morettiana

Der Sonnenpark

Am Südsaum der Alpen: das Piavetal von der Pala Alta

Lago di Stua – Casera Pinea (1693 m) – Casera Erèra (1708 m) – Casera Brandòl (1686 m) – Lago di Stua, 6.30 Stunden; markierte Wege. Am Lago della Stua interessanter Lehrpfad.

Auf das »Dach« der Vette Feltrine

Botanisch und geologisch gleichermaßen interessant ist die Besteigung des Monte Pavione (2335 m). Ausgangspunkt ist der Straßenpass Croce d'Aune (1015 m); am Weg zum Gipfel steht das bewirtschaftete Rifugio Dal Piaz (1993 m). Sehenswert sind u. a. die südseitigen Karmulden der Vette. Anstiegszeit etwa 4.30 Stunden; markierter Weg, etwas anstrengend, aber leicht.

INFOS

Parkverwaltung: Ente Parco Nazionale delle Dolomiti Bellunesi, Piazzale Zancanaro 1, I-32032 Feltre, Tel. +39/0439/33 28, info@dolomitipark.it, www.dolomitipark.it

Besucherzentrum »Il Sasso dello Stagno«: Piazza 1° Novembre, I-32034 Pedavena (geöffnet März, April, Mai, Oktober Sa, So und Feiertage 9.30–12.30 / 15–18 Uhr; Juni und September Sa, So und Feiertage 9.30–12.30/16–19 Uhr, Juli/August Do und Fr 16–19 Uhr, Sa, So und Feiertage 9.30–12.30/16–20 Uhr)

Besucherzentrum »Uomini di Valle Imperina«: I-32020 Rivamonte Agordino (geöffnet Mai, Juni, September Sa, So und Feiertage 13.30–18.30 Uhr, Juli/August täglich 13.30–18.30 Uhr)

Besucherzentrum Belluno: Piazza Piloni, I-32100 Belluno (im Aufbau)

Mueso etnografico della Provinca di Belluno e del Parco Nazionale delle Alpi Bellunesi: Via Serravella 1, I-32030 Cesiomaggiore, Tel. 0439/43 83 55 (geöffnet Juni bis September Di–Fr 9.30–13/15–18 Uhr, Sa/So 10–13/15–18 Uhr; Oktober bis Mai Di–Fr 9–13/15–17.30 Uhr, Sa/So 10–13/15–17.30 Uhr)

8

Stilfser-Joch-Nationalpark

Der Ortlerpark

*Eisige Hochgebirgswelt: Königsspitze und Ortler (links)
Dunkle Wolken über den höchsten Gipfeln des Nationalparks.
Königsspitze und Ortler vom Zaytal aus gesehen (nächste Seite)*

Abend über den westlichsten Dreitausendern des Ortlermassivs (oben)
Der Suldenferner (unten)
Schönster Gipfel des Ortlermassivs ist die Königsspitze (rechts)

8 Stilfser-Joch-Nationalpark

Der Ortler kratzt als höchster Berg östlich der Bernina an der 4000er-Höhenkote, die Königsspitze gibt sich majestätisch und der Cevedale trägt einen weiten weißen Umhang: Hochgebirge südlich des Alpenhauptkamms, eisig wie das benachbarte Adamellomassiv, mit tiefen Tälern rundum: Vinschgau, Valtellina, Val di Sole. Im Norden leben Südtiroler, im Süden Norditaliener; an der jungen Etsch liebt man Knödel, das Tal der Adda ist bekannt für die Bresaola, luftgetrocknetes Rindfleisch, und die Trentiner wissen sogar mit Priestern etwas anzufangen: Pasta strangolapreti.

Die Ortlerregion – Hochgebirgsnatur und Kulturlandschaft, grandios und vielfältig.

Und mittendrin: der Stilfser-Joch-Nationalpark.

Zaytalhütte mit »König« Ortler

Das Asphaltband über mir zeichnet eine flache Zickzacklinie in die steile Bergflanke: links, rechts, bis hinauf zu dem Einschnitt, der das Ende der Leiden verspricht. Ich geh' kurz aus dem Sattel, nehme die nächsten hundert Meter im Wiegetritt, suche dann wieder einen ruhigen Rhythmus. Noch zwei Kilometer vielleicht. Meine Beine sind »dick«, Schweiß rinnt in die Augenwinkel. Der Griff zur Trinkflasche, ein Schluck und ein kurzer Blick nach oben: die letzten zwei Kehren, 48 waren's im Ganzen. Dann der Linksschwenk, ein schwacher Antritt – ich bin oben. Ein kühler Wind bläst vom Ortler herüber, Bars und Souvenirläden säumen die Straße; es herrscht ein ordentliches Gewusel, aber keiner beachtet mich: Radler gehören längst zum Alltag auf den großen Alpenpässen. Und das Stilfser Joch war lange Zeit der höchste überhaupt, mit einer Scheitelhöhe von 2757 Metern über dem Mittelmeer.

Der Ortlerpark

DATEN UND FAKTEN

Fläche: 1346 km^2
Eröffnet: 1935
Einstufung nach IUCN: Kategorie II
Tiefster Punkt: 650 m (bei Latsch im Vinschgau)
Höchster Punkt: Ortler (3905 m)
Größter Gletscher: Vedretta dei Forni (15 km^2)
Ortschaften im Park bzw. in Parknähe: St. Gertraud, Martell, Schlanders, Mals, Sulden, Bormio, Santa Caterina Valfurva, Ponte di Legno, Pejo Terme, Rabbi
Angrenzende Naturschutzgebiete: Schweizerischer Nationalpark (im Nordwesten), Parco Naturale Adamello-Brenta (im Süden)

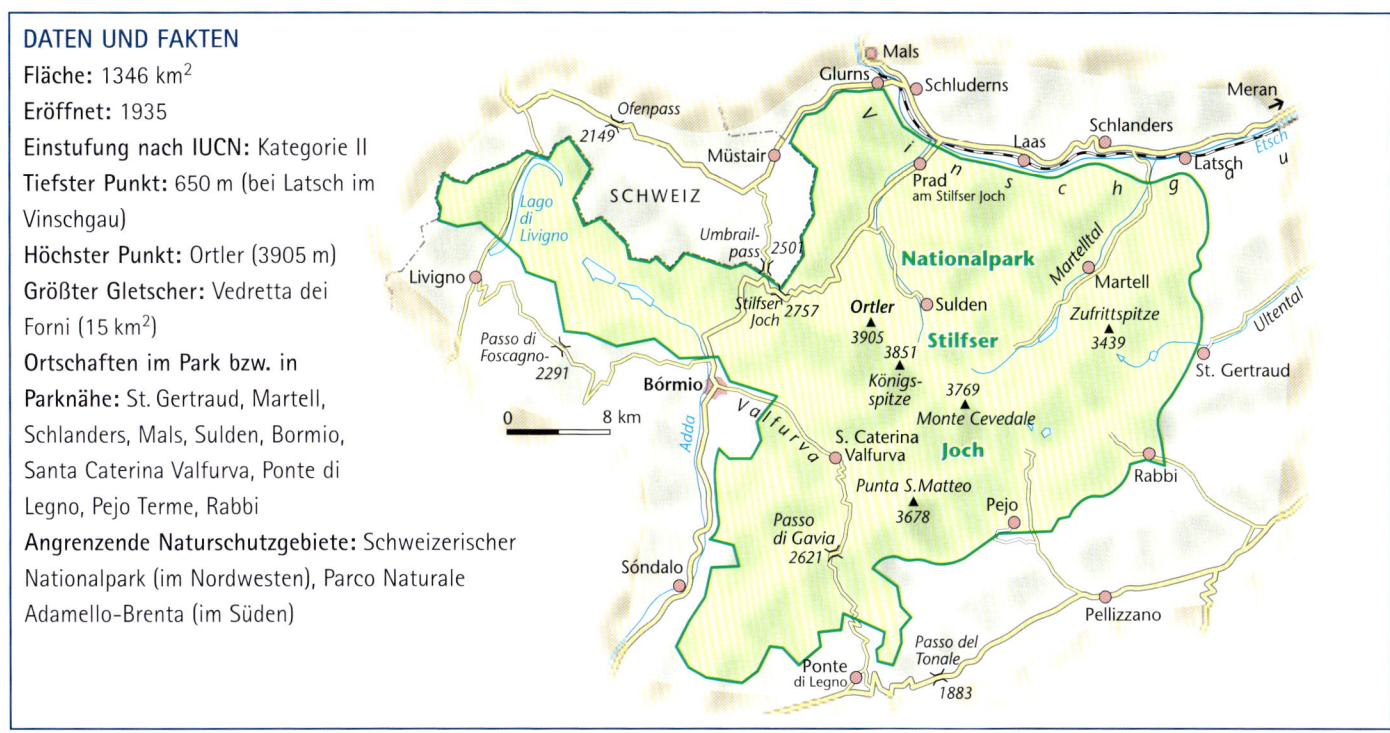

Parkgeschichte

Das Stilfser Joch, eine Passlegende, bereits 1825 eröffnet – und ein Nationalpark. Einer der größten und ältesten im Alpenraum, 1935 gegründet, als dunkle Wolken über Europa aufzogen, Südtirol unter Mussolinis Faschismus litt und die Zukunft überhaupt wenig Gutes versprach.

Tempi passati. Europa ist auf dem Weg zur Einheit (wenn im Jahr 2050 auch die Schweiz der EU beigetreten sein wird), und im Fall des Stilfser-Joch-Nationalparks ist eine Grenze bereits gefallen, vor dreißig Jahren, still und leise – jene zum Schweizerischen Nationalpark. 1977 wurde der italienische Park nach Westen hin erweitert und grenzt nun an das eidgenössische Schutzgebiet. Wildwechsel also garantiert, und das ganz ohne Formalitäten.

Fast 1500 Quadratkilometer groß ist der Park und der einzige in den Alpen, der über eine Sprachgrenze hinausgreift. In Südtirol, das einen Flächenanteil von rund 40 Prozent besitzt, spricht man deutsch, im Trentino und in der Provinz Sondrio italienisch. Ursprünglich war die staatliche Forstbehörde für die Verwaltung zuständig; in den 1970er-Jahren wurden dann den regionalen Behörden weitreichende Befugnisse übertragen, was zunächst zu einem Kompetenzgerangel und zwanzig Jahre (!) später zur Gründung eines Konsortium führte, das die Richtlinien vorgibt und Aktivitäten koordiniert.

Das Ortlermassiv

Leichter als die Zuständigkeiten ist die Geografie des Parks zu definieren. »Die mächtige Ortlergruppe, welche die höchsten Erhebungen der Ostalpen, den Ortler und die Königsspitze, einschließt, verdient in ganz besonderem Maße die Beachtung des Hochgebirgswanderers. An Großartigkeit der Hochgebirgsbilder wird sie von keiner anderen Gruppe der Ostalpen übertroffen, ja sie wetteifert sogar in der Schönheit ihrer Bergformen mit der benachbarten Bernina-Gruppe. Berge wie Königsspitze, Pizzo Tresero und Thurwieserspitze gehören zu den herrlichsten Gestalten der Alpenwelt. Die Ortlergruppe wird nördl. durch den Vinschgau, das Trafoier Tal und das Stilfser Joch von den Ötztaler und Münstertaler Alpen, östlich durch das untere Ultental und den Hofmahd-Sattel von den Nonsberger Alpen, südl. durch Sulzberg, Tonalepass, Val Camonico und Val di Corteno von den Adamello- und Bergamasker-Alpen und westl. durch das Adda- und das Brauliotal von der Bernina-, Grosina- und Ofenpassgruppe getrennt.

Der Hauptgebirgsstock der Ortler-Alpen weist ungefähr die Form eines Kreuzes auf, dessen Massenmittelpunkt der Monte Cevedale bildet, von dem ein Arm nach O., ein sich später teilender Arm nach W. und NW., ein Arm nach Süden und einer nach N. zieht. Im Gegensatze zu den benachbarten Ötztaler und Adamello-Alpen ist die Ortlergruppe durch eine energische Gipfelbildung ausgezeichnet; die Mehrzahl ihrer Jochgipfel erreicht die Höhe von 3300–3600 m, 10 Gipfel ragen selbst über dieses letzte Maß noch beträchtlich hinaus. Bei der Tiefe der Täler ist auch die relative Höhe der Gipfel sehr bedeutend, ein Umstand, der an die Kraft und Ausdauer der Bergsteiger meist ziemlich große Anforderungen stellt. Verhältnismäßig gering ist die Zahl der Übergänge, was durch den geschlossenen Aufbau der zentralen Gruppe, die bedeutende Höhe der Hauptkämme und die starke Vergletscherung bedingt ist.«

So charakterisierte Ludwig Purtscheller einst im »Hochtourist« die Hochgebirgsregion zwischen Vinschgau und Val di Sole; nach der heute üblichen Einteilung gehört das Berninamassiv allerdings zu den Ostalpen, und die Krone des höchsten Gipfels gebührt deshalb dem Piz Bernina (4049 m).

Stilfser-Joch-Nationalpark

Der Ortler mit seinem riesigen, vergletscherten Gipfeldach

Eis und Fels

Hinzuzufügen wäre, dass die Vergletscherung der Ortlergruppe noch heute ganz beträchtlich ist. Insgesamt zählt man rund hundert Eisfelder mit einer Gesamtfläche von rund 90 Quadratkilometern. Bei den meisten handelt es sich um kleinere Kargletscher (Pyrenäentypus). Das größte zusammenhängende Gletscherrevier weist der Fornikessel mit 15 Quadratkilometern Firnfläche auf, gefolgt vom Monte Cevedale. Teilweise ist das Eis allerdings dramatisch abgeschmolzen, beispielsweise an der Königsspitze. Kaum vorstellbar, dass noch 1820 der Suldengletscher so weit ins Tal vorstieß, dass einige Höfe im Dorf geräumt werden mussten!

Recht uneinheitlich ist der geologische Aufbau der ausgedehnten Bergregion, die zudem von mehreren geologischen Verwerfungen und Störungslinien tangiert bzw. durchzogen wird. Als Baustoffe treten neben Schiefer und Gneisen auch Kalke und Dolomit auf, beispielsweise am Ortler und am Zebrù, wo sie mit Erstarrungsgesteinen durchsetzt sind (Ortler-Trias). Eine Besonderheit bildet das Vorkommen weißen Marmors im Laaser Tal, ein alpines Unikum.

Der Ortler

Bereits Peter Anich schrieb in seinem »Atlas Tyrolensis« von 1704, der Ortles (so hieß der Berg noch vor hundert Jahren) sei der »Höchst Spitz« in ganz Tirol. Als Erzherzog Johann auf seiner ersten Tirolreise in die Gegend kam, beauftragte er den Botaniker Dr. Gebhard mit der Erforschung des Berges. In Begleitung zweier Zillertaler traf Gebhard am 28. August 1804 in Sulden ein und schlug auf den Grashängen oberhalb der Schönleiten sein Zelt auf. Mehrere Besteigungsversuche – über den Hintergrat und von der Trafoier Seite – schlugen fehl. Gebhard wollte das Unternehmen bereits abbrechen, »als am 26. September Joseph Pilcher, vulgo P'sseyrer Josele, aus St. Leonhard im Passeier, bei ihm erschien und erklärte, daß er die Besteigung des Ortlers mit den beiden Zillertalern wagen wolle. Am nächsten Tage, um 1 ? Uhr morgens, verließen die drei Männer das Dorf Trafoi, stiegen zu dem Untern Ortlerferner und dann zu den ›Hintern Wandln‹ empor, worauf sie dann über den Obern nach 10 Uhr die Spitze erreichten.« Eine mutige Tat, zumal die Pioniere ohne Seil und Pickel unterwegs waren und dazu noch eine objektiv gefährliche Route wählten, die längst aus der Mode gekommen ist.

Zum großen Erschließer der Ortlerberge sollte drei Generationen später ein anderer werden: Julius von Payer, aus dem tschechischen Teplitz (1841–1915) stammend, war ein bedeutender Kartograf, Expeditionsreisender und Alpinist seiner Zeit; als Offizier der k. u. k. Monarchie bestieg er allein in der Ortlergruppe (meistens zusammen mit seinem Führer Johann Pinggera) über 50 Gipfel, wovon 22 Erstbesteigungen waren.

Auch außerhalb Europas war Julius Payer übrigens aktiv; 1874 erforschte er das von ihm entdeckte (und nach seinem Kaiser benannte) Franz-Josephs-Land am Nordpolarmeer.

Naturschutz?

Zu Payers Zeit war Sulden noch ein weltabgeschiedenes Bergnest »allwo die Bauern mit den Bären aus einer Schüssel essen und die Kinder auf den Wölfen daherreiten«. Das hat sich inzwischen gründlich geändert; der Alpentourismus ist längst auch in den Ortlertälern angekommen. Das hat dem Park aber nicht nur Vorteile gebracht; vor allem in den 1960er-Jahren musste er sich schwere Eingriffe gefallen lassen. Das Suldener Seilbahnprojekt zum Cevedale samt Sommerskigebiet wurde zwar nie realisiert, so mancher Liftmast steht aber trotzdem noch mitten im Schutzgebiet. Auch die Staumauer des Zufrittsees (1850 m) im Martelltal liegt innerhalb der Parkgrenzen; erbaut wurde sie in den 1950er-Jahren. Umso mehr verwundert es, dass Pläne bestehen, das Kraftwerk auszubauen. Fast schon eine Ironie: Die Berghütten im innersten Tal haben bis heute keinen Stromanschluss.

Waale

Aufgrund ihrer inneralpinen Lage sind die Täler rund um das Ortlermassiv gegen niederschlagsintensive Staulagen, wie man sie am Alpenrand kennt, weitgehend abgeschirmt, und diesem Umstand verdanken sie viel Sonnenschein, aber auch eine extreme Trockenheit. Für den Vinschgau beträgt das Jahresmittel seit Aufzeichnungsbeginn 639 Millimeter Niederschlag; damit ist das Tal der jungen Etsch das trockenste Gebiet der gesamten Ostalpen!
Und das bereitete den Bauern seit jeher Sorgen. Doch die Alten wussten Rat; sie holten sich das kostbare Nass aus den Seitentälern, bauten kilometerlange Kanäle, über die das Wasser auf die Felder geleitet wurde: Waale. Die ersten Wasserwege dürften in vorrömischer Zeit angelegt worden sein; der Ausbau der Waale ging mit der fortschreitenden Besiedlung der Höhenlagen einher. Der Schnalser Waal – einer der längsten und noch heute in Betrieb – wurde im frühen 16. Jahrhundert erbaut, ein Kulturdenkmal von Rang.

Wald und Wiesen

Er verläuft, wie die meisten dieser Wasserwege, an der Sonnseite des Vinschgaus; nur wenige Anlagen schöpften auch Wasser vom Nörderberg. Die orografisch rechte Talflanke ist weit hinauf bewaldet und zeigt ein ganz anderes Vegetationsbild als der steppenartige Sonnenberg. Lediglich an der Mündung des Martelltals, ganz am Rand des Parks, entdeckt man eine Analogie, ein kleines Vorkommen der für ausgeprägte Trockenstandorte typischen Flaumeichen. Ansonsten dominieren hier Fichten- und Tannenwälder. In höheren Lagen prägen Lärchen und, in geringerem Maß, auch Zirben das Landschaftsbild. An der Sonnseite des Rabbitals stehen

Der größte Schneeberg des Ortlermassivs ist der Monte Cevedale

einige besonders prächtige Exemplare, bis zu vierzig Meter hoch. Ihr Alter wird auf 500 Jahre geschätzt.

Nicht sehr viel, vergleicht man es mit jenem der sogenannten »Ultener Riesen« bei St. Gertraud knapp außerhalb des Parkgebiets; sie haben bereits drei Jahrtausendwechsel er- und überlebt. Bei einem der Bäume, den 1930 ein Unwetter fällte, zählte man 2130 Jahrringe! Der größte der »Riesen« weist einen Umfang von 10,50 Metern auf; er dürfte 2300 Jahre alt sein.

Die Waldgrenze liegt im Trentino bei 2100 Metern, an den Sonnenhängen des Martelltals sogar bei etwa 2250 Metern. Der Zwergstrauchgürtel, bestehend aus Latschen, Alpenrosen, Heidel- und Preiselbeeren, ist als Folge der verbreiteten Almwirtschaft nur noch lückenhaft ausgebildet. Umso mehr fasziniert die Artenvielfalt im Bereich der Bergweiden – eine Folge der kontinuierlichen Bewirtschaftung seit Jahrhunderten! Auf den Wiesen blühen Enziane und Kohlröschen; in höhern Lagen entdeckt man die weißen Sterne des Edelweiß, sind verschiedene Läusekräuter und Steinbrecharten heimisch. Auf Geröllhängen und im Moränenschutt siedeln Bayerischer Enzian, Alpen-Leinkraut, Gletscher-Mannsschild und Gelber Alpenmohn. Den Höhenrekord hält der Gletscherhahnenfuß, der auch im Ortlermassiv bis in Gipfelhöhen, also weit über 3500 Meter, hinaufsteigt.

Bauernhofidylle über dem Vinschgau (oben)
Ortlermassiv vom Vinschgauer Sonnenberg (rechts)
Drei Riesen im Morgenlicht: Königsspitze, Gran Zebrù, Ortler
(nächste Seite)

Welt der Tiere

Dass der Schutz wild lebender Tiere auf längere Sicht durchaus zu Problemen führen kann, beweisen die Hirsche im Nationalpark. Das Fehlen natürlicher Feinde, wie es Wölfe und Bären einst waren, hat zu einem stetigen Anwachsen der Bestände geführt. Mittlerweile zählt man über 7000 Tiere, was zu großen Verbissschäden im Wald führte. Die Bauern im Umfeld des Parks, vor allem im Vinschgau, beklagen sich darüber, dass die Tiere regelmäßig ihre Kulturen heimsuchen. Einziger Ausweg: gezielter Abschuss, um das Ökosystem wieder ins Gleichgewicht zu bringen.

Als zu groß werden von Fachleuten auch die Reh-, Gämsen- und Steinbockbestände eingestuft. Rund 130 Vogelarten leben im Park, darunter Birk- und Auerwild, Schneehühner und der Uhu; in unzugänglichen Felswänden nistet der Steinadler. Einer der kleinsten Parkbewohner wohnt in der obersten Etage des Schutzgebiets: der Gletscherfloh, lat. *Isotoma saltans*. Seine bevorzugte Nahrung kommt auf dem »Luftweg« daher – in Form von Windplankton und Pollen.

Talfahrt

Des Radlers Lohn für seine Schinderei: 20 Kilometer Talfahrt, vom Stilfser Joch hinab zum uralten Städtchen Bormio. Ich lasse es sausen, genieße das Tempo. Die Straße ist breit, nur wenig Verkehr, bloß in den Serpentinen muss ich stark abbremsen. Unterhalb des Bucco di Braulio wird aus dem kargen Hochtal eine wüste Klamm. Wormser Loch hieß die früher, zu einer Zeit, als noch kaum jemand daran dachte, Natur zu schützen, und der Weg vom Obervinschgau in die Lombardei noch über den Umbrailpass ging. Seit 1977 liegt das Brauliotal innerhalb des Nationalparks, wie auch die Stauseen von Fraële, deren Betonmauer ich bald zu Gesicht bekommen werde, und des Spöl. Dahinter beginnt der Schweizerische Nationalpark.

Fragen

Riesig ist er, der Stilfser-Joch-Nationalpark, doch auch sehr heterogen. Straßen führen tief ins Schutzgebiet, mehrere Dörfer (samt ihrer touristischen Infrastruktur) liegen innerhalb des Parks, dazu mehrere Stauseen. Da stellt sich schon die Frage, ob es nicht sinnvoll wäre, nach französischem Vorbild eine Kernzone auszuweisen, wo Naturschutz absoluten Vorrang hat, und eine große Randzone mit wirtschaftlichen Nutzungsmöglichkeiten. Sonst könnte es sein, dass der schöne Park irgendwann seine Akzeptanz bei der IUCN (Kategorie II) verliert...

Und dann könnte man den Parco Nazionale dello Stelvio ja auch gleich noch umtaufen in Ortler-Nationalpark. Weil die Stilfser-Joch-Straße zwar ein Kulturdenkmal ist, Zweirad-Junkies, die sie befahren – mit oder ohne Motor –, aber keinen Naturschutz brauchen. Schon eher einen Helm.

ENTDECKEN UND ERLEBEN – zu Fuß und mit dem Rad unterwegs im Nationalpark

Ewiges Eis

Der 8 Kilometer lange »Sentiero glaciologico del Centenario«, 1995 eröffnet, vermittelt interessante Einblicke in die Geschichte der Alpengletscher. Er beginnt am Endpunkt der Straße ins lombardische Valle dei Forni (2176 m), führt im Gletschervorgelände auf- und absteigend zum Rifugio Branca (2487 m) und an der orografisch rechten Talflanke zurück zum Ausgangspunkt; etwa 4.30 Stunden. Durchgehend markiert und mit Infotafeln versehen; Trittsicherheit und Bergerfahrung notwendig.

Wälder, Gletscher, Gipfel – und Steinböcke

Das Valle Zebrù ist ein echtes Landschaftsjuwel, dazu auf einem bequemen Weg leicht zu erkunden. Ein Besuch lohnt sich allemal, ob man nun nur bis zum urigen Rifugio Campo (1989 m; 2 Stunden) oder gleich zum Rifugio 5° Alpini (2878 m; 5 Stunden) wandert. Ausgangspunkt ist der Parkplatz von Niblogo (1600 m) im Valfurva.

Alte Lärchen, Murmeltiere und ein Refugium

Bemerkenswerte Eindrücke vermittelt eine Wanderung ins Val di Saènt; 5 Stunden von Rabbi, 2.45 Stunden vom Parkplatz auf der Malga Stablasolo (1539 m). Sehenswert: die Wasserfälle von Saènt, die Feuchtwiesen und Moore der Prà di Saènt, uralte Lärchen (Abstecher über einen Treppenweg) und eine große Murmeltierkolonie. Nördlich oberhalb der Dorigoni-Hütte liegen in eiszeitlichen Karmulden die Laghetti Sternai (2596 m – 2744 m).

Im Schatten des Cevedale

Es muss nicht unbedingt der Cevedale (3769 m), der größte Gletschergipfel des Ortlermassivs, sein. Auch die Seenrunde im obersten Val de la Mare bietet packende Hochgebirgsbilder, dazu eine artenreiche Flora. Im Val Venezia, am Weg zum Rifugio Larcher (2608 m), kann man Murmeltiere beobachten und in der Umgebung der Hütte mit etwas Glück ein Hermelin zu Gesicht bekommen, dazu am Lago Marmotta (2704 m) vielleicht ein paar Schneehühner. Vom Lago di Càreser (2603 m) bietet sich ein herrlicher Blick auf die Ostflanke des Cevedale; die 58 Meter hohe Betonsperre des Stausees wurde in den 1930er-Jahren erbaut – fast schon ein Industriedenkmal. Ausgangspunkt der Runde ist der Parkplatz (1972 m) im Val de la Mare (30 Kilometer von Malè). Malga Mare – Val Venezia – Rifugio Larcher – Lago Marmotta – Lagolungo – Lago di Càreser – Malga Mare, etwa 5 Stunden. Ordentliche Wege, gut markiert, etwas Ausdauer erforderlich.

Am Weg zum Madritschjoch entdeckt: Fels, in Jahrmillionen verformt

Der Ortlerpark

Ein sehr beliebter Parkbewohner

Ein Wander-Dreitausender

Bis in die Regionen des ewigen Eises hinauf führt diese Gipfelwanderung. Mit 3325 Metern ist die Hintere Schöntaufspitze auf der Landkarte kotiert, und der Name – schön! – steht für ein Panorama der Extraklasse. Anstieg aus dem innersten Martelltal, bis ins Madritschjoch (3123 m) markierter Wanderweg, zum Gipfel hin Schrofen, 4 Stunden vom Parkplatz am Straßenende. Einmalig der Blick auf Königsspitze und Ortler!

Schlösser und Kirchen

Natur und Kultur – im Vinschgau sind sie nicht zu trennen, bilden schneebedeckte Gipfel die Kulisse zu so manch wehrhaftem Schloss, zu uralten Kirchen. Am schönsten ist eine Entdeckungsreise per Rad, wenn man mit der zu neuem Leben erweckten, blitzsauberen Vinschgauer Bahn nach Mals fährt, dann nach Abstechern zu den Klöstern von Marienberg und in der Schweizer Nachbarschaft (Müstair) in sanftem Bergab die Kirchen von Mals (u. a. St. Benedikt mit karolingischen Malereien), das mittelalterliche Städtchen Glurns, die Churburg (13. Jahrhundert) mit ihrer Rüstkammer, den Flügelaltar von Jörg Lederer (um 1520) in Latsch und Schloss Kastelbell (13. Jahrhundert) besucht. Bevor man dann nach Meran hinabsaust, ist noch ein kleiner Seitensprung zum bedeutendsten Kulturdenkmal des Tals fällig: St. Prokulus bei Naturns mit Fresken aus der Zeit um 770–800, darunter dem berühmten Motiv der Flucht des heiligen Vigilius über die Stadtmauern von Trient.

INFOS

Verwaltung und Informationsstelle: Consorzio del Parco Nazionale dello Stelvio, Via Roma 26, I-23032 Bormio, Tel. +39/0342/91 01 00, info@stelviopark.it, www.stelviopark.it

Nationalparkhaus Aquaprad (Themenschwerpunkt Wasser): Kreuzweg 4/c, I-39026 Prad, Tel. 0473/61 82 12 (geöffnet Di–Fr 9–12 / 14.30–18 Uhr, Sa/So und Feiertage 14.30–18 Uhr)

Nationalparkhaus Culturamartell (Themenschwerpunkt bäuerliche Kultur): Trattla 246, I-39020 Martell, Tel. 0473/74 50 27, info@culturamartell.com (geöffnet Mitte Mai bis Ende Oktober, Di–Fr 9–12 / 14.30–18 Uhr, Sa/So und Feiertage 14.30–18 Uhr)

Nationalparkhaus Naturatrafoi (Themenschwerpunkt Leben am Limit): Trafoi 57, I-39020 Stilfs, Tel. 0473/61 20 31, info@naturatrafoi.com

Besucherzentrum Rabbi (mit Museum): Rabbi Fonte, I-38020 Rabbi, Tel. 0463/98 51 90 (geöffnet im Sommer täglich 9–12/15–18 Uhr, Juli/August 8–19 Uhr)

Besucherzentrum Pejo: Via Roma 28, I-38024 Cogolo di Pejo, Tel. 0463/75 41 86 (geöffnet im Sommer täglich 9–12 / 16–19 Uhr, Juli/August 8–19 Uhr)

Botanischer Alpengarten »Rezia«: Via Sertorelli, I-23032 Bormio, Tel. 0432/92 73 70 (geöffnet Juni bis September 9–12 / 14–18 Uhr, Juli/August bis 19 Uhr)

9

Parco Nazionale Val Grande

Der Wilderness-Park

Herbststimmung am Monte Faie, am Rand des Nationalparks (links)
Namenloser Wasserfall im Val Grande (nächste Seite)

Im Norden stehen die Zweitausender des Nationalparks. Links der hohe Grat der Cima della Laurasca, rechts der Monte Zeda (oben)

Alpenrose am Pizzo Pernice (unten)

1969 wurde die letzte Alm im Gebiet des heutigen Nationalparks aufgegeben.

9 Parco Nazionale Val Grande

Welt der Kontraste, auch in den Alpen: Hier das pulsierende, manchmal laute Leben am Lago Maggiore, Palmen am Lungolago, man sitzt draußen und parliert bei Prosecco, das Handy klingelt. Und keine zwanzig Kilometer weiter bist du allein in einer alpinen Wildnis mit Schlangen und Gämsen, in einem vermauerten Tal und unter einem offenen Himmel. Das Val Grande früher: Da wurde geschuftet, Holz geschlagen, das Vieh auf die Almen getrieben, man lebte von Fast-gar-nichts. Und heute: Gegenwelt für ein paar Tage, kleines Abenteuer? Oder sind es solche Landschaften, die uns zumindest ahnen lassen, wo unsere Wurzeln sind: in der Natur?

Übermächtige Nachbarschaft: der Monte Rosa vom Aufstieg zum (kleinen) Monte Faie

»Ultimo paradiso« – so nannte Teresio Valsesia das Val Grande in seiner schönen Monografie, die vor über zwei Jahrzehnten in Verbania erschien. Das Buch liegt im Auto, und das steht unten im Valle d'Ossola. Und ich bin unterwegs in eben dieses Paradies. Doch wie wir alle wissen, ist der Weg zum Glück mitunter recht steinig, anstrengend und weit. Das trifft auch auf den alten Pfad zu, der sich von Colloro über einige Maiensässe, die längst neue Besitzer haben (und manche eine Parabolantenne auf dem Steinplattendach), hinaufwindet zur Kammhöhe von La Colma. Das Laub raschelt unter meinen Füßen; es ist Herbst, an einer Trockensteinmauer huscht eine Eidechse davon, eine Aspisviper verschwindet schlängelnd im Unterholz. Ich wische mir den Schweiß aus den Augenwinkeln, schaue zurück und hinab in den fernen Talboden des Ossola, wo das graue Band der Schnellstraße mich daran erinnert, dass die Welt nicht fern und Mailand ziemlich nahe ist. Am wolkenlosen Himmel kreisen zwei Raubvögel, die mich bestimmt längst gesichtet haben.

Links über mir baut sich der Pizzo della Rossola (2087 m) mit seinen ausladenden Graten und der zerfurchten Südflanke auf, rechts der Moncucco, hinter dem sich der Pizzo Proman (2098 m) ver-

Der Wilderness-Park

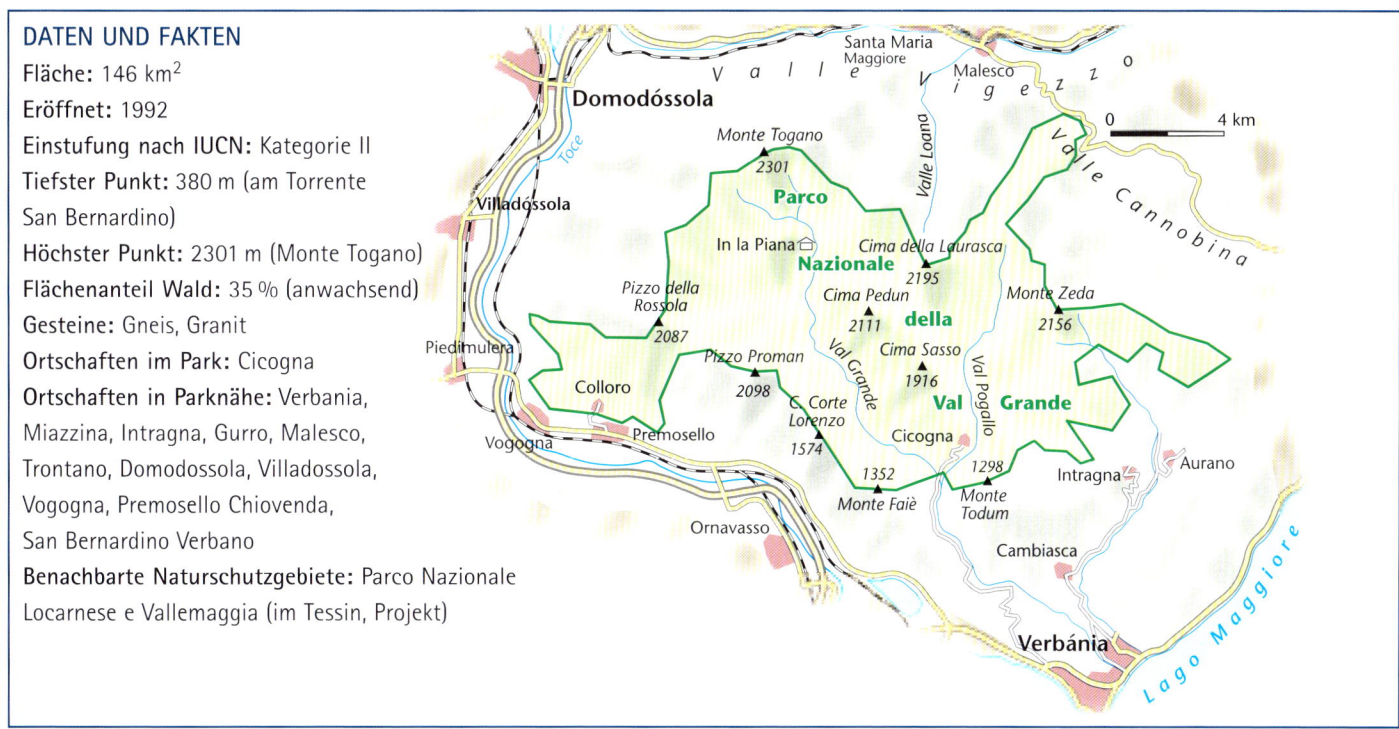

DATEN UND FAKTEN
Fläche: 146 km²
Eröffnet: 1992
Einstufung nach IUCN: Kategorie II
Tiefster Punkt: 380 m (am Torrente San Bernardino)
Höchster Punkt: 2301 m (Monte Togano)
Flächenanteil Wald: 35 % (anwachsend)
Gesteine: Gneis, Granit
Ortschaften im Park: Cicogna
Ortschaften in Parknähe: Verbania, Miazzina, Intragna, Gurro, Malesco, Trontano, Domodossola, Villadossola, Vogogna, Premosello Chiovenda, San Bernardino Verbano
Benachbarte Naturschutzgebiete: Parco Nazionale Locarnese e Vallemaggia (im Tessin, Projekt)

steckt. Doch der interessiert mich heute nicht; ich will das Tal sehen, das so weit weg und doch so nahe ist und das sich hinter der Höhe von La Colma versteckt, das früher ausgebeutete Natur und heute alpine Wildnis ist: l'ultimo paradiso.

Waldwirtschaft

Das klingt nach Abenteuer, nach »unberührter« Natur. Doch diese Wildnis, wie sie sich heute präsentiert, wurde früher nicht nur »berührt«, sondern über Jahrhunderte hinweg als Almgebiet genutzt, später dann – vor allem nach dem Ersten Weltkrieg – in großem Maßstab ausgebeutet: als Holzlieferant. Wege und Hütten, ganze Dörfer entstanden. Um den anfallenden Rohstoff zur internationalen Bahnlinie im Ossolatal zu befördern, wurden kühne Seilbahnen übers Gebirge gebaut, von denen Reste noch erhalten sind. Eine erste Anlage dieser Art ließ der aus dem schweizerischen Zofingen stammende Unternehmer Carlo Sutermeister – Besitzer einer Baumwollspinnerei in Verbania und Gründungsmitglied der örtlichen CAI-Sektion – errichten; sie verband Pogallo via Ponte Casletto mit der Bahnstation Fondotoce am Lago Maggiore und war immerhin zwölf Kilometer lang. Noch mehr Bewunderung weckte die Seilbahn, die mit Höhenunterschieden von insgesamt etwa drei Kilometern (!) von Orfalecchio im unteren Val Grande über die Corni di Nibbio ins Ossolatal führte. Damals wurde das ganze Jahr über Holz im Val Grande geschlagen und abtransportiert; eine kühn trassierte Schmalspurbahn verband Orfalecchio mit dem Talinnern; das aufwändigste Bauwerk der rund fünf Kilometer langen Strecke war eine 62 Meter lange Brücke.

Bis fast zum Ende des 19. Jahrhunderts erfolgte der Transport des geschlagenen Holzes übers Wasser; es wurde geflößt, wie man es vor allem aus den waldreichen Ostalpen kennt (vgl. S. 69/70).

Bauernnomaden

Lange vor den Holzfällern kamen die Bauern ins Val Grande; vor etwa einem Jahrtausend dürfte die Erschließung eingesetzt haben. Da die Bewirtschaftungsräume teilweise weit auseinander lagen, entwickelte sich eine Art bäuerliches Nomadentum. Im Frühling stieg man hinauf zu den Monti (Maißensässe), und im Juni ging's dann mit dem Vieh auf die oft entlegenen Almen (um deren Besitz es zwischen den Anrainergemeinden oft Konflikte gab). Hier wurde gekäst und sogenanntes Wildheu für den Winter geschnitten. Im Herbst war die Kastanienernte fällig, dann kehrte man für den Winter ins Tal zurück. Cicogna (732 m), das einzige Dorf innerhalb des Nationalparkareals, war ursprünglich eine Maiensässe.

Oben

Neugierde treibt mich an, mein Gehrhythmus beschleunigt sich ein wenig. Gleich bin ich oben am Kamm, wo sich – endlich! – ein erster Blick ins »Paradies« bietet.

Und dann liegt es vor mir, zu meinen Füßen sozusagen, ausgebreitet mit seinen verzweigten Talästen, zwischen denen teilweise felsige, in den tieferen Lagen bewaldete Grate ansteigen zum Hauptkamm dieses Gebirges, der das Val Grande und das Val Pogallo in einem weiten Bogen umschließt, es – ein nahe liegender Gedanke – auch beschützt. Zur Gegenwelt am Lago Maggiore hat die Natur einen Riegel vorgeschoben, buchstäblich, denn die fast neun Kilometer lange Schlucht des Torrente San Bernardino ist kaum (mehr) passierbar. So bleibt nur ein Einstieg von oben, über die Pässe, die hier oft »Mündchen« (= bocchette) heißen. Vielleicht deshalb, weil so mancher, mit einem schweren Rucksack bepackt, auf dem Anstieg ziemlich ins Schnaufen kommt ...

9 Parco Nazionale Val Grande

Der »Steinberg«

Ich genieße den Blick über das herbstlich gebräunte Bild mit dem knollig-felsigen Bergprofil des Pedum (2111 m), dem eigentlichen Zentralgipfel des Val Grande. Kein Wandergipfel, dieser Klotz, der allseits über von der Erosion gezeichnete, steile Fels- und Grasflanken abbricht. Leichter zu besteigen ist da die Cima Sasso. Und die Tour, in Cicogna startend, wartet mit einigen Überraschungen auf. Da ist einmal der schön angelegte Plattenweg zum Rifugio Alpe Prà, heute einer der Sentieri Natura im Park, dem Thema »La Civiltà della fatica« (Die Kultur der Mühsal) gewidmet. In der Nähe der Hütte stößt man auf prähistorische Gravuren, deren Bedeutung bis dato ungeklärt ist. Der weitere Aufstieg führt am Monte Spigo vorbei zur Alpe Belmello mit ihren teilweise aus rosa Marmor bestehenden Steinhütten. Der Grund: In der Nähe der Alm tritt jene Ader zutage, die oberhalb von Candoglia im Ossolatal seit 1387 abgebaut wird – für den Mailänder Dom.

Der Weg des Seefahrers

Der steinige Gipfel der Cima Sasso (1916 m) bietet eine an packenden Bildern reiche Aussicht, die von den eisgepanzerten Walliser Hochgipfeln bis zur mediterranen Wasserwelt des Lago Maggiore reicht. Sehr schön ist der Tiefblick in das zweite große Tal des Nationalparks, jenes von Pogallo. Es wird von einem hohen, teilweise felsigen Grat überragt und umrahmt. Ihm folgt mit dem »Sentiero Bove« der spannendste Weg des Nationalparks, eine Drei-Tage-Tour für ausdauernde und erfahrene Bergsteiger. Der Mann, nach dem diese Route benannt ist, kannte sich allerdings besser auf den Meeren dieser Welt aus: Giacomo Bove (1852–87), dessen großer Traum eine italienische Antarktis-Expedition war. Er scheiterte, nahm sich das Leben, und die CAI-Sektion von Verbania blieb zunächst auf den 1000 Lire sitzen, die sie für die Expedition gesammelt hatte. Schließlich entschied man sich für den Bau einer »Alta via« in den Heimatbergen, die man nach dem Mann benannte, der seine Ziele fern der Alpen suchte.

La Repubblica d'Ossola

Ein halbes Jahrhundert später hallte das Tal von Maschinengewehrsalven und Granatenexplosionen wider. Die SS und faschistische Verbände durchkämmten das Val Grande, um italienische Partisanen aufzuspüren. Über 300 Widerstandskämpfer kamen während der Operation Rastrellamento (von rastrellare = durchkämmen) im Juni 1944 ums Leben; viele von ihnen gerieten in Gefangenschaft, wurden gefoltert und dann erschossen. Doch der Widerstandswille der Bevölkerung war keineswegs gebrochen. Im Herbst gelang es den Partisanen, das Valle Vigezzo und das Ossola unter ihre Kontrolle zu bringen. Doch die Freiheit war von kurzer Dauer; nach nur 40 Tagen musste die Repubblica dell'Ossola vor den anrückenden deutschen Verbänden kapitulieren.

Quer durch den Park

Von La Colma, meinem Standort, schweift der Blick hinüber zur Alpe Scaredi (1840 m), die ebenfalls in einem Sattel liegt, überragt von der Cima della Laurasca. Und drunten im Val Grande, etwa auf halber Distanz, versteckt sich hinter dem bewaldeten Südostrücken des Piz Mottàc (1802 m) die Lichtung von In la Piana (980 m), mit dem großen Gebäude der Parkverwaltung und drei gemauerten Biwaks. Die klassische Parkwanderung tangiert diese drei markanten Punkte; sie startet in der Regel im Valle Loana und endet an der Simplonstrecke im Ossola, bei Premosello Chiovenda. Dabei bewegt man sich an einer geologischen Nahtstelle entlang, der sogenannten Insubrischen Linie, einer gewaltigen Bruchzone, die Zentral- und Südalpen voneinander trennt. Besonders augenfällig tritt der Gesteinsunterschied im Valle Serena zutage. Hier kommen sich – zumindest geologisch betrachtet – Afrika und Europa ganz, ganz nahe.

Beim Abstieg von La Colma ins Val Serena entdeckt man im Frühsommer bestimmt ein paar Vertreter der artenreichen hiesigen Flora: Enziane stehen auf den Bergwiesen, Türkenbund und Feuerlilien in den lichten, etwas Schatten bietenden Waldpartien. Diese bestehen in höheren Lagen überwiegend aus Lärchen und Fichten, einzig auf der Alpe Serena (die übrigens als letzte im Val Grande 1969 aufgegeben wurde) wachsen Bergföhren. Unterhalb von 900 Metern über dem Meeresspiegel dominiert die Edelkastanie. Rodungsinseln, teilweise schon wieder zuwachsend, weisen hier neben Mauerresten auf ehemalige Maiensäßen hin.

Das Brot der Armen

Von den Römern eingeführt, war die Kastanie einst an den Insubrischen Seen ein Grundnahrungsmittel, vorab der armen Leute. Das kultivierte Buchengewächs (*Castanea sativa*), das über tausend Jahre alt werden kann und im submontanen Höhenbereich zu mächtigen Bäumen heranwächst, wurde früher vielfältig genutzt: Die Blüten liefern einen vorzüglichen Honig, die stacheligen Schalen eignen sich als Brennmaterial, die Blätter als Stroh fürs Vieh. Wird ein Baum knapp über dem Boden abgesägt, wächst um den Stumpf ein Kranz junger Pflanzen, die als Rebstickel oder Zaunpfähle verwendet werden können. Das Holz gilt als sehr robust; Küfer schätzen es ganz besonders, soll doch »in keinen anderen Fässern der Wein so haltbar und köstlich werden«. Aus Kastanienholz wurde auch Tannin, eine Säure zum Gerben des Leders, gewonnen, und aus dem Mehl backte man Brot.

Interessant ist ein Blick auf die verschiedenen Verfahren zum Konservieren der geernteten Früchte. Einige Sorten müssen mehrere Tage gewässert werden (um die gesunden von den faulen Kastanien zu trennen), ehe man sie trocknet. In sogenannten Trockenhäuschen wurden die Früchte früher bei einem rauchigen Feuer gedörrt. Man kann sie aber auch in Wasser kochen oder im Kamin braten. Im Winter weiß man die Maroni diesseits der Alpen als besondere Köstlichkeit zu schätzen.

Der Wilderness-Park

Vipern und Gämsen

Nicht ganz zufällig wird das Val Grande als das Tal der Vipern bezeichnet, was doch recht zwiespältige Gefühle weckt. Tierfreunde sind wir ja alle, natürlich, trotzdem verspüren viele eine tief sitzende, irrationale Abneigung gegen diese Reptilien. Sie wurden früher auch gnadenlos gejagt und erschlagen, doch seit die Almwirtschaft aus der Region verschwunden ist, also seit etwa einem halben Jahrhundert, erholen sich die stark dezimierten Bestände. Im Nationalpark leben auch zahlreiche ungiftige Schlangen wie die Äskulapnatter, die bis zu zwei Meter lang werden kann, die Ringelnatter und die recht angriffslustige Zornnatter. Neben der Aspisviper (*Vipera aspis*), die durch ihre markante Rückenzeichnung auffällt, ist auch die Kreuzotter (*Vipera berus*) recht häufig. Ihre Grundfärbung ist sehr variabel.

Normalerweise fliehen die Tiere vor dem Menschen; sehen sie sich in die Enge getrieben, kann es in seltenen Fällen zu einer Attacke kommen. Der Biss einer Viper ist für einen erwachsenen Menschen allerdings nicht lebensbedrohend.

Im Gegensatz zu den lautlosen Reptilien machen sich zwei Säugetiere auch akustisch bemerkbar, wenn sie Menschen begegnen: das Murmeltier, das seine Bauten in den Hochlagen im innersten Val Grande hat, und die Gämse, deren Warnruf man oft hört, bevor man die Tiere zu Gesicht bekommt. Im Park leben nach jüngsten Zählungen rund 1000 Tiere.

Ein ganz übler nächtlicher Krachmacher ist der Siebenschläfer (*Glis glis*), was Parkbesucher spätestens dann merken, wenn sie sich in einem der Biwaks zur (verdienten) Nachtruhe niederlegen ... Wenig beliebt sind auch die Wildscheine, die sich in den letzten Jahrzehnten stark vermehrt haben und erhebliche Schäden an den Kulturflächen im unteren Val Grande und im Valle d'Ossola anrichten. Wie in anderen Naturparks wird der Ruf nach Abschüssen immer lauter.

Wilderness

Es ist Abend im Großen Tal, die Schatten werden länger, ganze Bergflanken liegen bereits im Halbdunkel. Das Licht der tief stehenden Sonne verwandelt den Pedum in eine steinerne Riesenskulptur. Stille rundum, keine Zivilisationsgeräusche, nur ein paar Kondensstreifen leuchten am Himmel. Vielleicht ist da jemand unterwegs zu einem Abenteuerurlaub fern vom alten Kontinent, irgendwo in einem exotischen Landstrich jenseits des Äquators. Meine Wildnis ist hier, unweit vom Lago Maggiore und doch weitab des Alltags: Abenteuer Alpen.

Zwei Welten, nah und doch so fern: Im Nationalpark geht die Sonne unter, am Lago Maggiore und in Mailand gehen die Lichter an. (oben)
Wer im Nationalpark wandert, braucht fast immer Pfadfinder-Qualitäten. (nächste Seite)

Parco Nazionale Val Grande

ENTDECKEN UND ERLEBEN – zu Fuß unterwegs im Nationalpark

Von Monti zu Monti im unteren Val Grande
Abwechslungsreiche Wanderrunde im unteren Val Grande, die von einer Maiensässe zur nächsten führt. Die kunstvoll aus Bruchsteinen gefügten Rustici wecken dabei ebenso Bewunderung wie die mit Steinplatten belegten, oft in steile Hänge trassierten Wege. Die Ponte Velina wurde im Zweiten Weltkrieg von den Partisanen gesprengt, später wieder aufgebaut.
Cicogna (732 m) – Ponte Casletto (411 m) – Bignugno – Alpe Bettina (710 m) – Ponte Velina (470 m) – Velina (834 m) – Montuzzo (630 m) – Cicogna, 6 Stunden. Schwach markierte Route, die Wegqualität schwankt zwischen komfortabel und nicht vorhanden (Gräben). Trittsicherheit, Orientierungsvermögen und eine topografische Karte (Swisstopo 1:50 000, Blatt 285 T) unerlässlich!

Zwischen Val Grande und Lago Maggiore
Die leichte Überschreitung des Monte Faiè (1352 m) – eine Halbtageswanderung – bietet Einblick ins Val Grande, aber auch eine schöne Fernsicht zum Langensee. Spärlich markierte Wege.
Ruspesso (920 m; Anfahrt von Santino) – Rifugio Fantoli (980 m) – Colma del Vercio (1290 m) – Monte Faiè – Ruspesso, 3 Stunden.

Die klassische Nationalpark-Durchquerung
Spannende Zwei-Tage-Tour, die im Valle Loana beginnt und im Ossolatal endet; Übernachtung in einem der (stets zugänglichen) Biwaks am Weg. Die Route ist markiert, wird auch recht häufig begangen. Ausdauer und Trittsicherheit notwendig, dazu Biwakausrüstung.
Fondo li Gabbi (1240 m; Anfahrt von Malesco) – Alpe Scaredi (1840 m) – In la Piana (980 m) – Colletta (1270 m) – Alpe Serena (1320 m) – Alpe della Colma (1728 m) – Alpe la Motta (1150 m) – Lut (804 m) – Colloro (523 m) – Premosello Chiovenda (222 m), Gesamtgehzeit 11 Stunden. Biwaks: Alpe Scaredi, In la Piana, Alpe Val Gabbio, Alpe della Colma.

Fast den gesamten Park im Blick
Die Cima Sasso (1916 m) bietet aufgrund ihrer zentralen Lage eine Aussicht auf beinahe das gesamte Parkareal. Schöner, teilweise etwas spärlich markierter Aufstieg, Trittsicherheit erforderlich.
Cicogna – Rifuio Alpe Prà (1250 m) – Colma di Belmello (1589 m) – Cima Sasso; mit Abstieg auf dem gleichen Weg 6.30 Stunden.

Auf den Spuren des Herrn Bove
Die Top-Tour im Nationalpark, genau das Richtige für erfahrene Berggänger mit einem leichten Touch zum Abenteuerlichen. Drei Tage ist man unterwegs, übernachtet wird in Biwaks, Wasser ist Mangelware. Nur bei ganz sicherem und trockenem Wetter gehen! Längere weglose, zwischen der Bocchetta di Campo und Pogallo auch mangelhaft markierte Strecken, dazu mit Ketten gesicherte Kletterpassagen (II).

Die Ponte Velina im unteren Val Grande

Der Wilderness-Park

Einst Maiensäß, jetzt von Aussteigern bewohnt: Uccigiola (oben links)
Kreuzottern (und auch Vipern) sind sehr häufig im Nationalpark (oben rechts)
Birkhahn am Pizzo Pernice (unten links)
Einziges Dorf im Park ist Cicogna (unten rechts)

1. Tag: Cicogna (732 m) – Rifugio Pian Cavallone (1528 m) – Monte Zeda – Bivacco Alpe Fornà (1750 m), 8 Stunden.
2. Tag: Bivacco – La Piota (1925 m) – Passo Crositt (1782 m) – Monte Torrione (1984 m) – Bocchetta di Terza (1836 m) – Cima Marsicce (2135 m) – Alpe Scaredi (1841 m), 7 Stunden.
3. Tag: Alpe Scaredi – Bocchetta di Scaredi (2095 m) – Bocchetta di Campo (1996 m) – Strette del Casè (1950 m) – Alpe Cavrua (1415 m) – Pogallo (777 m) – Cicogna, 7 Stunden.

INFOS

Nationalparkverwaltung in Verbania: Via San Remigio 19, I-28922 Verbania, Tel. +39/0323/55 79 60, pvgrande@tin.it, www.parcovalgrande.it. Hier erhält man auch Infos über die Öffnungszeiten der nachfolgend angeführten Besucherzentren (meistens Juli/August, oft aber nur an Wochenenden).

Besucherzentrum »La foresta e l'uomo« in Rovegro (San Bernardino Verbano)
Besucherzentrum »Animali della Notte« in Intragna
Besucherzentrum »Le Rocce raccontano« in Premosello Chiovenada
Casa del Parco in Cicogna
Besucherzentrum in Buttogno (Santa Maria Maggiore)
Museo archeologico della pietra ollare: Piazza Ettore Romagnoli, I-28854 Malesco, Tel. 0324/922 61 (geöffnet Ende Juni bis Mitte September täglich 10–12/16–18.30 Uhr, Mitte September bis Mitte Oktober an Wochenenden 16–18.30 Uhr)
Museo dell'Acqua »Acquamondo« in Cossogno: geöffnet Juni, Juli, September und Oktober Sa/So 15.30–18.30 Uhr, August Di–So 15.30–18.30 Uhr

10
Parco Nazionale del Gran Paradiso

Der königliche Park

Im Abstieg vom Gran Paradiso, Blick zur Tresenta (links)
Am Lago Leita (nächste Seite)

Die Grivola, ganz abweisend (oben)
Die Tresenta ist ein beliebtes Skitourenziel. (unten)
Südwestlich des Gran Paradiso erhebt sich der Ciaforon. (rechts)

10 Parco Nazionale del Gran Paradiso

Der Name ist Programm, der Park ein großes Paradies für Mensch und Natur, über 4000 Meter hoch, ausgeprägt alpin, mit beachtlicher Vergletscherung und doch dem Süden, der »mondo mediterraneo«, nahe. Am Fuß des Gran-Paradiso-Massivs gedeiht die Rebe, während sich die höchsten Gipfel in ewiges Eis hüllen. Hier hat der Steinbock sein Revier, leben große Rudel dieses stolzen Alpenbewohners, der vor gut einem Jahrhundert fast ausgerottet worden wäre. Wer diese Berge durchstreift, erlebt eine majestätische Landschaft, in der große, klare Linien dominieren, von den tief eingeschnittenen Tälern bis hinauf zu den Fels- und Firngraten.

Der Gran Paradiso, gesehen vom Gipfel der Grivola

Sein Denkmal steht in Rom, ein Monument mit Riesentreppe aus weißem Marmor, von den Einheimischen ziemlich respektlos als »macchina da scrivere« bezeichnet. König Vittorio Emanuele II., der von seinem Vater, Karl Albert I., ein eigenartiges, überaus heterogenes Reich (zusammengesetzt aus dem Piemont, dem Herzogtum Savoyen und Sardinien) geerbt hatte, gilt gemeinhin als Einiger Italiens, ein Prädikat, das aber eher seinem Außenminister, dem Grafen von Cavour, zusteht. Unbestritten sind dagegen die Verdienste des Königs um das Überleben des Alpensteinbocks, lat. *Capra ibex*, und deshalb ist die Hütte am Normalweg auf den Gran Paradiso (4061 m) nach ihm benannt: auch ein Denkmal, und es pilgern viele hin, Jahr für Jahr. Nicht unbedingt aus Verehrung für den König ihrer Ahnen, sondern um einen Viertausender zu besteigen, den einzigen in dem großen Gebirgsmassiv zwischen Aostatal und Valle di Locana. Das geht vergleichsweise leicht, der Gletscher ist ziemlich harmlos und die Gipfelfelsen bilden keine echte Herausforderung. Ein Bergführer unkte sogar, die größte Strapaze dabei sei die Nacht im Rifugio Vittorio Emanuele II.

Der königliche Park

DATEN UND FAKTEN

Fläche: 703 km²
Eröffnet: 1922
Einstufung nach IUCN: Kategorie II
Tiefster Punkt: 720 m (bei Rosone im Valle di Locana)
Höchster Punkt: 4061 m (Gran Paradiso)
Gesteine: Gneis
Ortschaften im Park bzw. in Parknähe: Rhêmes-Notre-Dame, Val Savarenche, Cogne, Champorcher, Ronco Canavese, Ceresole Reale
Benachbarte Naturschutzgebiete: Parc National de la Vanoise (im Westen), Parco Naturale del Mont Avic (im Nordosten)

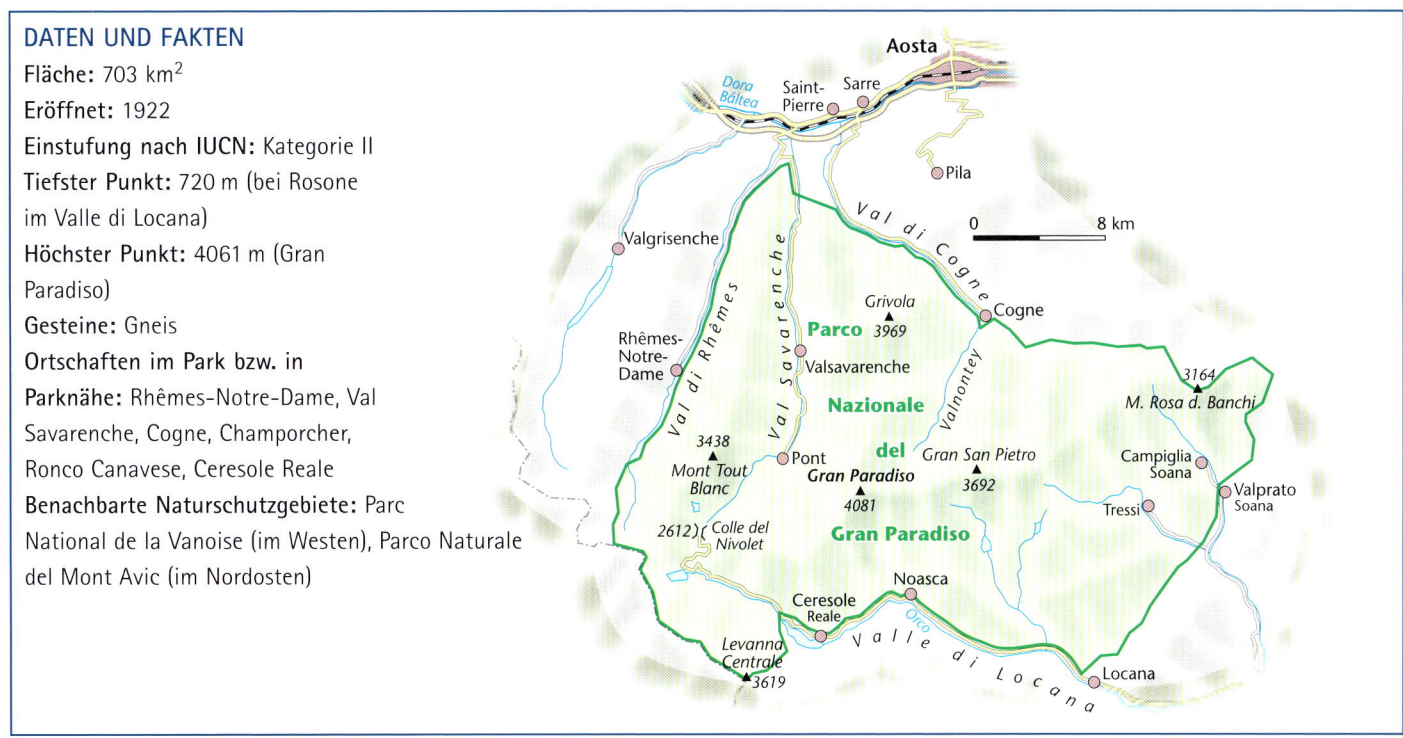

Wundertier

Viertausender gibt's in den Alpen zwischen fünfzig und hundert (je nach Zählweise), und viel mehr Steinböcke zählte man anfangs des 19. Jahrhunderts auch nicht mehr. Aus der einst weit verbreiteten Bergziege mit den mächtigen, elegant geschwungenen Hörnern (der männlichen Tiere), von der bereits Conrad Gesner in seinem 1583 erschienenen »Thierbuch« schwärmte, war eine akut vom Aussterben bedrohte Spezies geworden. Den Grund nennt der Zürcher Universalgelehrte gleich selbst: Steinbockblut würde Blasensteine »zu Sand machen«, und die »Bönleyn bei vollem Mond gesamblet« sollten gegen Gicht helfen. Wer das »Herzkreuz«, eine verknöcherte Sehne des Herzmuskels, aß, konnte auf Unverwundbarkeit zählen; die Hörner, zu Pulver verrieben, steigerten angeblich die Manneskraft. Der Steinbock – eine lebende Apotheke.

Solch hanebüchener Aberglaube konnte selbst einem Tier, dem »kein spitz zu hoch, den es nit etlich schrit überspringe, auch selten kein fels so weyt von dem anderen, den es nit mit seinem sprung erreiche« (Gesner), nicht gut bekommen, zumal die Waffentechnik rasche Fortschritte machte, das Gewehr den »Gamsschaft«, eine etwa sieben Meter lange Lanze mit eiserner Spitze, verdrängte. Im Salzburger Land, wo die Bischöfe das Monopol über die Steinbockjagd besaßen, entstanden sogenannte »Steinbock-Apotheken«, in denen die wunderlichsten Heilmittel angepriesen wurden.

Die Jagd des Königs

Bereits Ende des 17. Jahrhunderts waren die Bestände arg dezimiert, und hundert Jahre später hatte man den Steinbock bis auf ein paar Dutzend Exemplare, die in den abgelegenen Bergen des Gran Paradiso überlebt hatten, ausgerottet. Ein Kuriosum: Im Jahr 1809 wurde der letzte Steinbock in der Schweiz geschossen und 1875 kam das Steinwild (das es längst nicht mehr gab) per Bundesgesetz unter Schutz.

Rechtzeitig handelte man dagegen im Aostatal. Nachdem bereits 1816 eine erste Schutzverordnung erlassen worden war, erwarb König Vittorio Emanuele II. 1854 von den Gemeinden das Jagdrecht für sich und seine Gäste. Aufseher bewachten das Revier, und zahlreiche Reitwege wurden angelegt, damit der König ohne größere Anstrengung seiner Leidenschaft frönen konnte. In steinernen Unterständen wartete er dann, bis eine Hundertschaft Bediensteter ihm die Tiere vor die Flinte trieb. Da aber penibel darauf geachtet wurde, nur ältere Böcke zu schießen, erholte sich der Bestand innerhalb weniger Jahrzehnte auf rund 3000 Exemplare.

Der staatlich bezahlte Wilderer

Erste Bestrebungen, den Großsäuger im Alpenraum wieder anzusiedeln, kamen aus der Schweiz. Da Vittorio Emanuele III. nicht gewillt war, den Eidgenossen ein paar Kitze zur Aufzucht zu überlassen, heuerte man den Wilderer Joseph Berard aus dem Aostatal an, der 1906 drei Tiere, zwei Weibchen und ein Männchen, aus dem Park schmuggelte und sie ins Wallis brachte. Den stolzen Preis von 2400 Franken bezahlte der Schweizer Staat. Mit Kuhmilch aus der Flasche aufgezogen, gediehen die Tiere im Wildpark St. Gallen prächtig, und bereits 1911 konnten fünf Steinböcke in der Pizolgegend ausgesetzt werden. Heute zählt man ca. 40 000 Tiere alpenweit. Die Eidgenossenschaft feierte das hundertjährige Jubiläum dieser Erfolgsgeschichte 2006 mit einer Briefmarke und schenkte den Italienern – scusi tanto! – vierzig Steinböcke, die in den Südalpen ausgesetzt wurden.

Parco Nazionale del Gran Paradiso

Junger Steinbock, gar nicht neugierig

Der Steinbockpark

Im Jahr 1920 vermachte König Vittorio Emanuele III. das damals lediglich 2100 Hektar große Schutzgebiet dem italienischen Staat – mit der Option, dass es in einem Nationalpark aufgehen sollte. Der wurde dann auch wirklich gegründet (1922), als ältester Italiens und (nach dem Schweizer Park) zweitältestem in den Alpen. Die Faschisten trugen dem Erbe wenig Sorge, und nach dem Ende des Zweiten Weltkriegs waren die Steinbockbestände schwer dezimiert. Doch dann ging's aufwärts, mit Italien und mit dem *Capra ibex*, und heute bevölkern wieder etwa 5000 Tiere die Hochregionen des Nationalparks.

Rund 700 Quadratkilometer groß, erstreckt er sich vom Cognetal nach Süden bis zum Valle di Locana und vom Soanatal im Osten bis zur französischen Grenze. Dass er da Anschluss an den »Park National de la Vanoise« hat, verdankt man Steinböcken, die immer wieder in die französische Nachbarschaft abwanderten.

Die wenig scheuen Tiere lassen sich auf einer Bergwanderung leicht beobachten, wie auch Murmeltiere und Gämsen; etwas mehr Glück braucht es schon, um einen Bartgeier (*Gypaetus barbatus*), den größten Alpenvogel mit einer Spannweite von bis zu 2,70 Metern, auf seinen Flugreisen zu Gesicht zu bekommen. Vor hundert Jahren aus dem Parkgebiet verschwunden, wird er hier, wie auch der Luchs, allmählich wieder heimisch.

Die Unvollendete

Auf der Südseite des Parks, im obersten Valle di Locana, liegen mehrere Stauseen, in den 1930er-Jahren von der staatlichen ENEL angelegt und auch über eine Straße erschlossen. Diese überquert am hochalpinen Colle del Nivolet (2612 m) die Wasserscheide zum Val Savarenche bzw. zum Aostatal und endet ein paar Kilometer weiter als aufgelassen Schottertrasse. Die Pläne, hier eine Verbindung quer durch den Park zu bauen, sind längst aufgegeben, und auch der Straßenstummel oberhalb von Pont verfällt. Inzwischen ist man sogar dazu übergegangen, jeweils im Hochsommer die südseitige Auffahrt zum Pass an den Wochenenden zu sperren und einen Shuttle-Dienst einzurichten: zu viele motorisierte Wochenendausflügler aus der Autostadt Turin ...

Ewig?

Die ausgedehnte, glazial geformte Buckellandschaft, aus der zahlreiche (natürliche) Seeaugen leuchten, ist ein kleines Paradies mit üppigen Blumenwiesen und Murmeltierkolonien. Zu den lohnendsten Tourenzielen in diesem Teil des Parks zählt der Mont Tout Blanc (3438 m), drei Stunden über dem Pass, mit überwältigendem Panorama. Genau im Osten des »ganz weißen Berges« erhebt sich

Der königliche Park

der höchste, im Nordosten steht der schönste Gipfel des Massivs: Gran Paradiso und Grivola (3969 m). An letzterem lässt sich ablesen, dass auch Berge und Gletscher ein Verfallsdatum aufweisen. Die ansteigenden Temperaturen haben in den letzten Jahrzehnten zu einem erheblichen Rückgang des Eises und zum Schwinden des Permafrosts geführt. Ergebnis: Die Besteigung der Grivola ist schwieriger und extrem gefährlich geworden. Das gilt übrigens auch für verschiedene andere der vielen Hochgipfel im Gran-Paradiso-Massiv.

I fiori del parco

Ganz und gar ungefährlich ist dagegen ein Besuch des Alpengartens von Valnontey (Giardino Botanico »Paradisa«). Hier blüht den Sommer über die Flora des Parks, bekommt man auch Raritäten zu Gesicht, die nur wenige und versteckte Standorte haben, z. B. das Pennsylvanische Fingerkraut (*Potentilla pensylvanica*), das auf mageren Wiesen in Höhenlagen zwischen 900 und 1400 Metern wächst, oder der mit dem Alpen-Tragant verwandte *Astragalus alopecurus*, eine voreiszeitliche Reliktpflanze wie auch das unscheinbare Nordische Moosglöckchen (*Linnaea borealis*).

Mag es gerne feucht – Wollgras.

In den Wassern des Lago Leita spiegeln sich die Levanne. (oben)
Wolken-Ufo über dem Mont Blanc (nächste Seite)

ENTDECKEN UND ERLEBEN – zu Fuß und mit dem Rad unterwegs im Nationalpark

Im Bann des Gran Paradiso

Auf dieser wenig anspruchsvollen Wanderung kommt man dem höchsten Gipfel des Nationalparks schon recht nahe, noch viel näher den Steinböcken, die kaum Scheu vor den Touristen zeigen. Ausgangspunkt ist der Parkplatz bei der Alm Pravieux (1836 m) im Val Savarenche, Aufstieg via Lavassey (2193 m) Richtung Rifugio Chabod, dann markierter Höhenweg zum Rifugio Vittorio Emanuele II. (2735 m); Abstieg nach Pont (1951 m), mit Rückweg nach Pravieux rund 6 Stunden. Durchwegs markierte Wege.

Gipfel, Gletscher und Steinböcke

Grandiose Hochgebirgsbilder bietet die abwechslungsreiche, nur wenig schwierige Wanderung ins innerste Valnontey und hinauf in die Almregion um Money (2325 m). Von der Hangterrasse bietet sich ein Prachtblick auf die Ostflanke des Gran Paradiso mit dem mächtigen Glacier de la Tribulation.
Valnontey – Money – Talschluss – Pont des Erfaulets (1830 m) – Valnontey, 5 Stunden. Ordentlich bezeichnete Pfade. Lässt sich gut mit einem Besuch des botanischen Gartens in Valnontey verbinden.

Serpentinen, Stauseen, Gletscher und Murmeltiere

Ein Ausflug ins Hochgebirge, diesmal mit dem Rad. Die Passstraße von Ceresole Reale (1556 m) am gleichnamigen Stausee hinauf in die weite Passregion von Nivolet (2612 m) ist eine echte Herausforderung für gut trainierte (Renn-)Radler: 18 Kilometer, über 30 Serpentinen und Steigungen bis maximal etwa 15 Prozent.
An Sommerwochenenden ist die Strecke für alle motorisierten Passfahrer gesperrt!

Auf einen Wander-Dreitausender

Der Mont Tout Blanc (3438 m; auch Mont Taou Blanc) steht nördlich des Colle del Nivolet in dem lang gestreckten, nur schwach vergletscherten Bergkamm, der das Val Savarenche vom Val di Rhêmes trennt. Seine Besteigung ist bei guten äußeren Verhältnissen wenig schwierig; bis in den Col du Leynir (3088 m) folgt man einem markierten Weg, dann einem mit kleinen Felsstufen durchsetzten Geröllrücken, 3 Stunden vom Pass bzw. vom Rifugio Chivasso (2604 m). Grandioses Panorama, das weite Teile und die wichtigsten Erhebungen des Gran-Paradiso-Nationalparks umfasst.

Nebel ziehen über die Piani di Rosett.

Der königliche Park

Am Gipfel des Mont Tout Blanc

Im stillen Osten des Nationalparks

Abwechslungsreiche Alm- und Blumenwanderung im Valle di Campiglia; Anfahrt von Ponte Canavese durchs Valle Soana bis Campiglia Soana (1350 m). Aufstieg durch das Hochtal zur Alm Arietta (2288 m), anschließend schöne Höhenwanderung – mit Traumblick auf den Torre Lavina (3308 m) – nach San Besso (2019 m) und Abstieg durch Lärchenwälder nach Campiglia Soana, insgesamt 6.30 Stunden.

Trekking auf der »Alta Via no. 2«

Der durchgehend markierte Wanderweg führt von Champorcher im Osten des Parks in etwa zehn Etappen bis nach Courmayeur, also auch quer durch den Nationalpark: zu Fuß unterwegs zwischen Tal und Hochpässen – ein intensives Naturerlebnis, Begegnungen mit »stambecchi« (Steinböcken) garantiert.
Cogne (1534 m) – Rifugio Vittorio Sella (2584 m) – Col du Loson (3296 m) – Eaux-Rousses (1668 m) – Col de l'Entrelor (3002 m) – Rhêmes-Notre-Dame (1722 m); Gehzeit insgesamt etwa 15 Stunden, zwei, besser drei Tagesetappen.

INFOS

Parkverwaltung: Via della Rocca 47, I-10123 Torino, Tel. +39/011/860 62 11, Fax 812 13 05, info@pngp.it, segreteria@pngp.it, www.pngp.it

Ein wichtiger Tourenstützpunkt im Zentrum des Parks ist das Rifugio Vittorio Sella.

Besucherzentrum Cogne: Villaggio Minerario, I-11012 Cogne, Tel. +39/0165/74 92 64 (geöffnet im Sommer täglich, sonst an den Wochenenden)

Besucherzentrum Ronco Canavese: Piazza Mistral, I-10080 Ronco Canavese, Tel. +39/0124/90 10 70 (geöffnet während der Sommermonate)

Giardino Botanico »Paradisa«: Valnontey (Gemeinde Cogne), Tel. 0165/741 47 (Juni bis September täglich geöffnet)

11

Parc National de la Vanoise

Der savoyische Park

Vor hundert Jahren fast ausgerottet, heute wieder in vielen Gegenden der Alpen heimisch: der Steinbock (links)
Der Lac des Échines und das »Dach« des Vanoise-Massivs, die Grande Casse (nächste Seite)

Der Lac Long am Col de la Vanoise (oben)
Moräne des Glacier de la Grande Casse (unten)
Grande Casse und Pointe Matthews (rechts)

Parc National de la Vanoise

Wer das Vanoisemassiv von einem Winterurlaub her kennt, hat möglicherweise ein ziemlich schiefes Bild von dieser Alpenregion: Betonburgen, Seilbahnen und Pistenautobahnen – malträtierte Natur also bis hinauf zu den Gipfeln und Gletschern. Doch zwischen den Trois Vallées – dem größten Skigebiet alpenweit! – und Val d'Isère liegt ein über 500 Quadratkilometer großes Bergparadies, in dem alle Besucher zu Fuß unterwegs sind, wie die Gämsen und Steinböcke, die in großer Zahl die Hochtäler und Karwinkel unter den Gletschern und Dreitausendern besiedeln.

Abweisend schroff: die Nordflanke der Grande Casse

Naturschutz und genutzte Natur. Wie kaum anderswo sind sie sich hier ganz nahe: grandiose Hochgebirgslandschaften, scheinbar unberührt vom Menschen, und großflächige Wintersportgebiete, mechanisch erschlossen; beschneite, gewalzte Pisten, Liftmasten »and all inclusive«. Im Nordwesten reicht das monströse Trois-Vallées-Skiresort bis an die Parkgrenze heran, steht der letzte Liftmast knapp unterhalb des Gipfels der Aiguille de Peclet (3561 m); im Osten sind Val d'Isère, die Heimat des Nationalhelden von Grenoble 1968, Jean Claude Killy, und das Retortendorf Tignes-le-Lac zwei Schwergewichte des Savoyer Tourismus, mit einer ähnlichen Bevölkerungsdichte wie in Paris – zumindest im Winter. Dazwischen liegen 530 Quadratkilometer Schutzgebiet, leben etwa 2000 Steinböcke, ein paar tausend Gämsen, Murmeltiere, stehen mehrere Hütten des Alpenclubs, gibt es aber keine Straßen, nur Fußwege und Natur: Grün in den Tälern, darüber Felsbraun und Gletscherweiß.

Wer schon einmal an einem kühlen Herbstmorgen vom Plan du Lac hineingewandert ist ins Zentrum des Nationalparks, vor sich die Grande Casse (3855 m), deren Gipfelfelsen im ersten Sonnenlicht rötlich aufleuchten, oder aus dem Talkessel von Pralognan aufstieg zum Refuge de la Valette, während die Schatten immer länger und die Farben immer satter werden, weiß um den Zauber dieser Alpenregion.

Les fleurs

Und dann die Blumen! Berühmt sind die herrlichen, schier endlos weiten Narzissenfelder vor allem im Süden des Parks, auf den Höhen über der Maurienne, die das Plateau des Plan du Lac Ende Mai fast wie frisch verschneit aussehen lassen. Oder die Edelweiß-

Der savoyische Park

DATEN UND FAKTEN

Fläche: 530 km² (Randzone 1480 km²)
Eröffnet: 1963
Einstufung nach IUCN: Kategorie II (Kernzone)
Tiefster Punkt: 1200 m (Isère bei Ste-Foy-Tarentaise)
Höchster Punkt: 3855 m (Pointe de la Grande Casse)
Ortschaften in der Randzone: St-Martin-de-Belleville, Pralognan-la-Vanoise, Peisey-Nancroix, Ste-Foy-Tarentaise, Tignes-le-Lac, Val d'Isère, Bonneval-sur-Arc, Bessans, Lanslebourg, Termignon, Aussois
Benachbarte Schutzgebiete: Parco Nazionale del Gran Paradiso (im Osten)

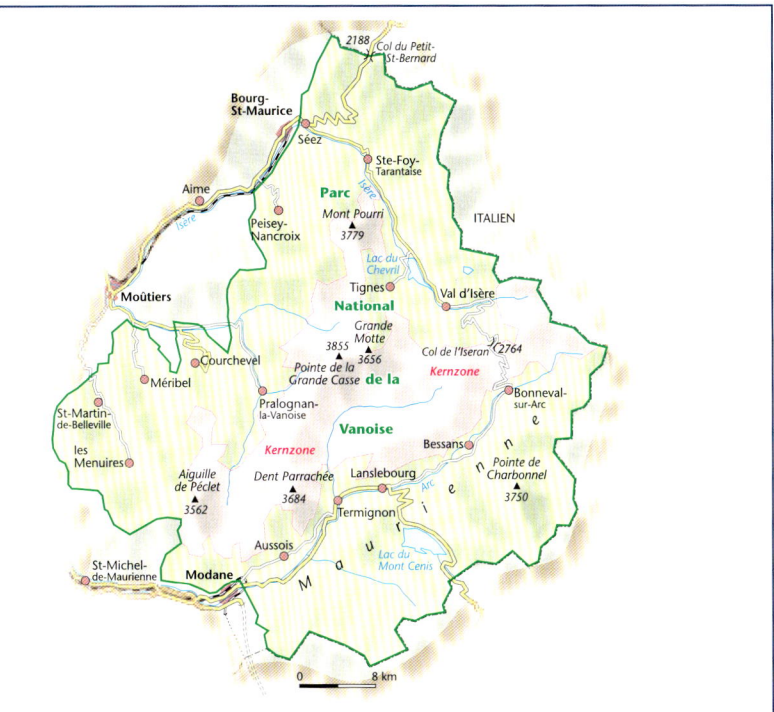

wiesen unter dem Grand Bec (3398 m). Weideröschen, eher feuchte Standorte bevorzugend, säumen so manchen Bachlauf; Kohlröschen stehen auf den Almwiesen, in den lichten Wäldern leuchten die orangefarbenen Blüten der Feuerlilien, entdeckt man den Türkenbund und – mit etwas Glück – sogar die größte Orchidee Europas, den Frauenschuh.

Tiere

Wahrzeichen des Parks sind aber weder seine Gipfel noch die Gletscher, die das hochalpine Landschaftsbild prägen, sondern ein Vierbeiner, dem die Vanoise wieder zur Heimat geworden ist: der Steinbock. Nachdem einige Exemplare aus dem benachbarten »Parco Nazionale del Gran Paradiso« in das grenznahe Gebiet östlich des Col de l'Iseran einwanderten, wurde 1936 der Ruf nach einem Schutzgebiet laut. Es sollte aber noch ein Vierteljahrhundert dauern, bis der Park eingeweiht werden konnte. Heute gibt es wieder etwa 2500 Tiere im Park, mit größeren Beständen in den Hochtälern von Pralognan und Les Allues; eine rund 600 Steinböcke umfassende Kolonie lebt südwestlich des Dorfs St-Martin-de-Belleville am Grand Perron des Encombres (2825 m) weit außerhalb der Kernzone des Parks. Das gilt auch für die etwa 300 Tiere im alten Schutzgebiet von Grande Sassière und im Hochtal von Prariond; rund die Hälfte von ihnen wandert allerdings im Winter jeweils über die Grenze ab in die italienische Nachbarschaft.

Ebenfalls mit Erfolg wieder angesiedelt wurde der »bouquetin« (Steinbock) im Norden des Parks, in den Hochtälern von Champagny und Peisey-Nancroix; hier zählt man an die 400 Tiere.

Nie ernsthaft gefährdet waren Gämsen und Murmeltiere, obwohl man sie stets jagte; erst in jüngster Zeit eingewandert ist das Europäische Mufflon, das vor rund 7000 Jahren nach Sardinien und Korsika kam. Bisher sind die Vorfahren des Hausschafs aber lediglich im Val Champagny heimisch geworden. Wenig geschätzte Zuzügler sind die Wildschweine, die in jüngster Zeit landwirtschaftlich genutzte Flächen in den Randzonen des Schutzgebiets heimsuchen.

Mit ein wenig Glück kann man auf Wanderungen im Park auch den unbestrittenen König der Lüfte, den Steinadler, beobachten, wie er, die Aufwinde geschickt nutzend, über den Hochtälern elegant seine Kreise zieht. Mit rund zwanzig Brutpaaren gilt sein Bestand als gesichert. Innerhalb des Parkareals nisten auch Wanderfalken (etwa ein Dutzend Paare) und Uhus (zehn Paare); die Wiederansiedlung des Bartgeiers wurde erst vor ein paar Jahren gestartet.

Problemzonen

Der eigentliche Nationalpark ist rund 530 Quadratkilometer groß, eingebettet in eine fast dreimal so große Randzone. Sie reicht vom Kleinen St. Bernhard im Norden bis zum Col du Mont Cenis im Süden, schließt auch städtisch geprägte Siedlungen ein wie Courchevel oder Les Ménuires. Ein Schutzgebiet, das sich in der Werbung als »größtes Skigebiet der Alpen« (Trois Vallées) anpreist – schlichter Etikettenschwindel?

Ernst zu nehmende Bemühungen, Naturschutz und Tourismus miteinander zu versöhnen, gab (und gibt es) in der obersten Maurienne. Hier stehen keine Betonsilos, Bergdörfer haben sich ihren ursprünglichen Charme erhalten, passen in die Landschaft und zu einer Philosophie, die ihren Schutz fördert, ohne die Menschen auszugrenzen. So könnte man sich – zumindest für Teile der Alpen – die Zukunft durchaus vorstellen: sanft statt laut, Erlebnisse bietend statt Events, den Individualisten und nicht die Massen ansprechend.

11 Parc National de la Vanoise

Alte Wege

Nicht zu verstecken vor der Schönheit seiner Berge braucht sich auch Pralognan-la-Vanoise (1416 m), das ziemlich genau im Zentrum des Vanoisemassivs liegt. Hier ist noch etwas zu spüren vom Pioniergeist vergangener Zeiten, als die Touristen mit der Kutsche anreisten und sich ans Seil eines Führers banden, um hautnah die Größe und Erhabenheit der Berge zu erleben. In Parlognan machten auch Willliam Matthews und sein Führer Michel Croz Station, bevor sie zur Grande Casse (3855 m) aufstiegen, dem höchsten Gipfel zwischen der Tarentaise und der Maurienne. Das war 1860, und erst gut vier Jahrzehnte später erbaute man am Fuß des mächtigen Bergstocks eine erste kleine Hütte am Col de la Vanoise (2517 m). Benutzt wurde dieser Passweg aber schon vor Urzeiten; Säumer brachten das »Weiße Gold« der Salinen von Moûtiers übers Gebirge in die Maurienne.

Festungen

Im Tal des Arc, das zur Außenzone des Parks gehört, begegnet man monumentalen Zeitzeugen: Festungen. Sie stammten aus zwei verschiedenen Epochen. Die älteren, wie etwa jene mächtigen Anlagen bei Esseillon, wurden von den Savoyern 1817–34 zum Schutz gegen französische Invasionspläne angelegt. Das Fort du Sapay oberhalb von Modane dagegen ist Teil der (fast vergessenen) alpinen Maginot-Linie, geht auf die 1930er-Jahre zurück.

Geschichte

Dass man in der Maurienne fast auf Schritt und Tritt historischen Reminiszenzen begegnet, liegt an einem Pass: dem Col du Mont Cenis (2083 m), Scheitelpunkt des alten Handelswegs zwischen Chambéry und Turin. Wie fast alle großen Alpenpässe wurde er bereits in prähistorischer Zeit begangen; ob Hannibal hier auf seinem Eroberungsfeldzug vorbeikam, gilt als eher unwahrscheinlich. Verbürgt ist dagegen, dass Heinrich IV. im Jahr 1077 auf seinem Canossagang diesen Pass überquerte. Napoléon ließ ihn später zur Fahrstraße ausbauen. Dass auch einmal eine Eisenbahn über den Pass dampfte, ist schon fast in Vergessenheit geraten. Noch vor Eröffnung des Fréjus-Tunnels (1871) wurde eine Schmalspurlinie erbaut und mit langen Galerien auch winterfest gemacht; die Pläne dazu lieferte der britische Ingenieur John B. Fell, was insofern seine Logik hat, als die Linie vor allem der Beförderung englischer Post nach Indien (!) diente.

Ein anderer historischer Alpenübergang – der Kleine St. Bernhard (2188 m) – liegt ganz im Norden der Außenzone des Parks. Noch ein geografisch-historischer Pol, benannt nach dem heiligen Bernhard von Menthon. Und dazwischen: eine faszinierende Landschaft, das »alpine Herz Savoyens«, mit 40 Dreitausendern und 50 Quadratkilometern Gletscher, idyllischen Almen und bezaubernden Bergseen. Ein Netz markierter Wege durchzieht das Gebirgsmassiv, mehrere im Sommer bewirtschaftete Hütten bieten Unterkunft in hochalpinen Regionen. Voulez-vous connaître cette paysage fantastique?

Sommet de Bellecôte, Aliet und Dôme de la Sache vom Col de la Croix des Frêtes (oben)
Symbolblume der Alpen: das Edelweiß, entdeckt im Vallon de la Leisse (rechts)
Innerhalb des Nationalparks gibt es mehrere Tourenstützpunkte. Im Bild das Refuge de la Leisse vor der Südflanke der Grande Casse (links).
(nächste Seite)

ENTDECKEN UND ERLEBEN – zu Fuß unterwegs im Nationalpark

Hüttentrekking rund um den höchsten Gipfel des Parks
Die »Tour de la Grande Casse« gehört zu den Wanderklassikern in der Vanoise, vier Übernachtungen auf Berghütten, durchwegs markierte Wege. Ausdauer und Trittsicherheit erforderlich.
1. Etappe: Laisonnay-d'en-Bas (1559 m) – Col de la Grassaz – Refuge du Col du Pelat (2590 m), 5.30 Stunden.
2. Etappe: Refuge du Col du Pelat – Col de la Leisse (2698 m) – Refuge de la Leisse (2487 m), 5.15 Stunden.
3. Etappe: Refuge de la Leisse – Col de la Vanoise (2517 m) – Refuge des Barmettes (2010 m), 4.30 Stunden.
4. Etappe: Refuge des Barmettes – Refuge du Grand Bec (2405 m), 4 Stunden.
5. Etappe: Refuge du Grand Bec – Tour du Merle (1973 m) – Champagny-en-Vanoise (1250 m)

Im Banne der Gletscher
Eine große und großartige Runde um den stark vergletscherten Südwestteil des Parks, mit dem Dent Parrachée (3697 m) als höchstem Punkt. Fünf Hüttenübernachtungen, durchwegs markierte Wege; auf der 3. Etappe im Frühsommer oft unangenehme Hartschneefelder. Für erfahrene Berggänger.

1. Etappe: Porte de l'Orgère (1935 m) – Refuge de Péclet-Polset (2474 m), 4 Stunden.
2. Etappe: Refuge de Péclet-Polset – Refuge de la Valette (2584 m), 5 Stunden.
3. Etappe: Refuge de la Valette – Cirques du Marchet – Refuge du Col de la Vanoise (2517 m), 6 Stunden.
4. Etappe: Refuge du Col de la Vanoise – Refuge de l'Arpont (2309 m), 6 Stunden.
5. Etappe: Refuge de l'Arpont – Refuge de la Dent Parrachée (2511 m), 6.30 Stunden.
6. Etappe: Refuge de la Dent Parrachée – Col de la Masse (2923 m) – Porte de l'Orgère, 7 Stunden. (Variante über den Col du Barbier, 6 Stunden)

Refuge du Mont Pourri
Der zweithöchste (und schönste) Gipfel der Vanoise steht ganz im Norden; seine Hütte ist ein dankbares Wanderziel. Anfahrt von Peisey-Nancroix bis Les Lanches (1524 m).
Les Lanches – Refuge du Mont Purri (2370 m) – Plan de la Plagne – Les Lanches, 6 Stunden. Etwas Ausdauer und Trittsicherheit notwendig, abschnittsweise raue Wege.

Schnee im Sommer, im Hochgebirge keine Seltenheit. Das Refuge du Grand Bec im Winterkleid

Der savoyische Park

Bon appétit! Im Refuge de la Leisse

Ins Naturschutzgebiet Plan de Tueda
Landschaftlich sehr reizvolle, leichte Wanderung in die (an den Nationalpark angeschlossene) Schutzzone. Ausgedehnte Arvenwälder, Infozentrum.
Méribel-Mottaret (1680 m; Anfahrt von Moûtiers, 21 Kilometer) – Refuge du Saut (2126 m), 2.45 Stunden.

Kleiner Gipfel mit großer Aussicht
Obwohl er nur gerade gut halb so hoch ist wie der große Mont Blanc, bietet auch der Petit Mont Blanc (2677 m) eine bemerkenswerte Aussicht, vor allem auf die Zentralkette des Vanoisemassivs. Trittsicherheit erforderlich.
Anfahrt via Pralognan-la-Vanoise zum Refuge Les Prioux (1711 m). Les Prioux – »Sentier du Secheron« – Petit Mont Blanc – »Sentier des Diés« – Les Planes – Pralognan, 5.45 Stunden.

Refuge de la Vanoise
Wenig anstrengende Höhenwanderung mit fantastischen Hochgebirgsbildern, markierte Wege. Blickfang: die Grande Casse (3855 m), der höchste Gipfel des Massivs mit ihrem Gletscher.
Anfahrt von Termignon bis Bellecombe (2307 m), 15 Kilometer. Bellecombe – Refuge du Plan du Lac (2364 m) – Refuge d'entre deux Eaux (2120 m) – Refuge de la Vanoise (2517 m), 3.30 Stunden.

INFOS
Parkverwaltung: Parc National de la Vanoise, Rue du Dr. Julliand 135, F-73007 Chambéry cedex, Tel. +33/(0)479/62 30 54, parc.national@vanoise.com, www.vanoise.com
Portes du Parc: Porte de l'Orgère (bei Modane), Porte du Fort Marie-Christine (bei Aussois), Porte du Plan du Lac (bei Termignon), Porte de Le Bois (bei Champagny-la-Vanoise), Porte de Rosuel (bei Peisey-Nancroix).
Infos über den Park erhält man in allen Tourismusbüros der Region.

12

Parc National des Écrins

Der höchste Park

Was für ein Koloss! Der Mont Pelvoux vom Refuge du Glacier Blanc aus gesehen (links)
Höchster Gipfel im Park ist die Barre des Écrins, der südlichste Viertausender der Alpen. (nächste Seite)

Morgenlicht am Mont Pelvoux (oben)
Die Täler des Écrins-Massivs sind ein beliebtes Wandergebiet. (unten)
Sonnenaufgang über der Pointe Cézanne (rechts)

Parc National des Écrins

Weder der Mont Blanc, das »Dach« Europas, noch das Matterhorn, der Traumberg schlechthin, liegen innerhalb eines alpinen Nationalparks, und die grandiose Hochgebirgslandschaft rund um den Großen Aletschgletscher mit ihren Viertausendern ist zwar UNESCO-Weltnaturerbe, aber kein nationales Schutzgebiet. So steht der höchste Nationalpark-Gipfel ganz im Südwesten der Alpen inmitten eines wilden, stark vergletscherten Gebirgsmassivs, dem Mittelmeer schon recht nahe: die Barre des Écrins, 4102 Meter hoch.

Alpinisten auf dem Glacier Blanc

Der Firn knirscht unter den Füßen, ein gleichmäßiges Geräusch im langsamen Takt unserer Schritte; das Seil schleift über den Schnee und die Sonne brennt von einem tiefblauen Firmament herab. Die Luft ist ziemlich dünn hier – da atmet man tief, um genug Sauerstoff in die Lungen zu bekommen. Kein Wunder, der Höhenmesser zeigt 3900 Meter, fast vier Kilometer über dem Spiegel des Mittelmeers. Der ist gar nicht so fern, wie das hochalpine Ambiente glauben machen könnte. Nur 150 Kilometer weiter südlich nagt der ewige Wellenschlag des Mer Méditerranée an den Stränden von Cannes und Nizza, flieht man vor der Sommerhitze in ein Bistro oder stürzt sich gleich ins Wasser. Im feinen Sand der Côte räkeln sich die »belles du jour«, stets im Fokus der Männerwelt.

Ein Viertausender

Unser Blick ist auf den Scheitelpunkt des felsigen Gipfelgrats fokussiert, auf die Barre des Écrins, vermessene 4102 Meter hoch und der einzige Viertausender südlich des Gran Paradiso. Ein winziges Kreuz markiert das Ziel, dann bist du oben, und die magische Vier sorgt für entsprechende Hochgefühle. Wie das herrliche Panorama. Und das reicht weit über die Grenzen des Nationalparks hinaus, obwohl der mit einer Fläche von 2700 Quadratkilometern (inklusive Randzone) der größte innerhalb der Alpen ist und sich von den Grandes Rousses im Norden bis zum Stausee von Serre-Ponçon im Durancetal erstreckt, mit der Kernzone immer noch von

Der höchste Park

DATEN UND FAKTEN

Fläche: 918 km² (Randzone 1782 km²)
Eröffnet: 1973
Einstufung nach IUCN: Kategorie II (Kernzone)
Tiefster Punkt: 820 m (Entraigues)
Höchster Punkt: 4102 m (Barre des Écrins)
Gletscherfläche: 110 km²
Ortschaften in der Randzone: Le Bourg-d'Oisans, La Bérarde, La Grave, Monêtier-les-Bains, Argentière-la-Bessée, Savines-le-Lac, Orcières, St-Firmin, La Chapelle-en-Valgaudemar, Valbonnais, Valjouffrey
Benachbarte Naturschutzgebiete: Parc National du Mercantour (südöstlich), Parc naturel régional du Queyras (östlich), Parc naturel régional du Vercors (westlich)

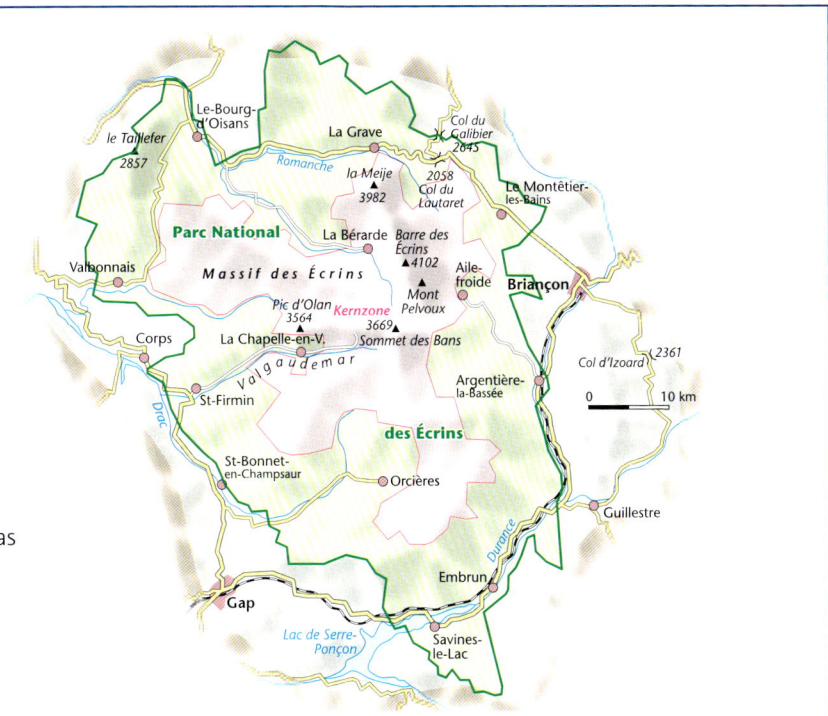

La Grave bis fast auf die Höhe von Gap: ein Park an der Grenze zwischen Nord- und Südalpen. So werden die östlichen und südlichen Teile über die Durance ins Mittelmeer entwässert, der Westen und der Norden über Romanche und Drac zur Isère. Das Massif des Écrins trennt einen überwiegend vom Atlantik bestimmten Wetterraum von jenem des Mittelmeers. Briançon, durch seine inneralpine Lage begünstigt, wirbt mit 300 Sonnentagen pro Jahr, und in Gap ist die Nähe der Provence schon spürbar: le soleil du sud.

Vegetation

Die Funktion des Gebirges als Klimascheide ist verantwortlich für eine ungewöhnlich reiche Fauna und Flora. Tiere und Pflanzen finden rund um La Bérade ganz andere Lebensbedingungen vor als etwa im Vallouise. Dazu kommt eine Morphologie, die von extrem großen Höhenunterschieden auf engstem Raum geprägt ist; tiefe Täler zerschneiden das Parkgebiet buchstäblich, und diese schroffen Einschnitte wiederum fördern die Entstehung kleinster Klimaräume – ideale Voraussetzungen für eine ungewöhnliche Vielfalt. So sind im Park nicht weniger als 1800 verschiedene Pflanzen nachgewiesen, von denen 216 auf der roten Liste bedrohter Arten stehen. Ihr Spektrum reicht von mediterranen Spezies, die durch das Durancetal einwanderten, bis zu Pflanzen, die perfekt den extremen Bedingungen im Hochgebirge angepasst sind. Den »Höhenrekord« hält der Gletscherhahnenfuß, den man bis in Gipfelregionen, also noch weit oberhalb der 3500-Meter-Höhenmarke, antreffen kann. Auf kargen Bergwiesen oberhalb der Baumgrenze blüht das Edelweiß (für das die Franzosen keinen eigenen Namen haben), in tieferen Lagen – bevorzugt in lichten Wäldern – gedeihen Alpenakelei und die Feuerlilie. Nur ganz im Nordwesten des Parks begegnet man der schönsten, seltenen Orchidee der Alpen, dem Frauenschuh. Noch rarer ist der Österreichische Drachenkopf (*Dracocephalum austriacum*) mit lediglich zwei gesicherten Vorkommen bei Argentière-la-Bessée im Durancetal und am Lac du Lauvitel. Der tiefblaue Bergsee südlich über dem Vallée Vénéon steht innerhalb des Parks wegen seiner überaus artenreichen Flora unter besonderem Schutz. In seiner Umgebung entdeckt man beispielsweise das Alpen-Mannstreu, bis über einen halben Meter hoch, distelähnlich und mit amethystblauen Blüten.

Als eine uralte Reliktpflanze aus der Entstehungszeit der Alpen gilt die Bérardie laineuse (*Berardia subacaulis*); extrem selten, wurde sie im 16. Jahrhundert vom Zürcher Botaniker Conrad Gessner erstmals beschrieben und ist als Endemit nur in den Westalpen südlich des Mont Cenis heimisch, innerhalb des Parks am häufigsten in der weiteren Umgebung von Orsières, bevorzugt auf Kalkschutt in Höhen zwischen 1600 und 3000 Metern.

Die Universität Grenoble unterhält am Col du Lautaret seit über hundert Jahren einen Alpengarten.

Vergleichsweise gering ist die Bewaldung des Nationalparks; für den hochalpinen Kernbereich beträgt sie gerade vier Prozent. Vor allem im Norden und Nordosten dominiert in höheren Lagen die Lärche; im Westen dagegen, etwa im Valbonnais, ist die Zirbelkiefer recht weit verbreitet, am Südrand mit seinem milden Klima wächst die Kastanie.

Welt der Tiere

Mit 320 verschiedenen Wirbeltieren ist die alpine Fauna sehr gut vertreten. Im Park leben über 12 000 Gämsen; auch der Steinbock hat hier seit seiner Wiederansiedlung in den 1990er-Jahren eine neue (alte) Heimat gefunden. Seine Population ist allerdings mit rund 200 Exemplaren noch vergleichsweise gering. Nachgewiesen

In der Umgebung des Refuge du Glacier Blanc kann man leicht Murmeltiere beobachten.

sind im Parc National des Écrins 37 Adlerpaare, die hoch über den Tälern in unzugänglichen Felswänden nisten. Auf ihrem Speisezettel stehen an erster Stelle Murmeltiere, die in großen Kolonien die Almregionen bewohnen (insgesamt über 20 000 Tiere). Wiederholt gesichtet wurden im Parkgebiet Bartgeier und Luchs. Und erst 1995 wurde die Zweifarbenfledermaus (*Vespertilio murinus*), die als ausgestorben galt, im Écrinsmassiv wiederentdeckt.

Eisige Höhen

Ungewöhnlich groß ist die Vergletscherung des Massivs, was mit der Häufigkeit von Nordwest-Staulagen zusammenhängt. So verzeichnen die Gipfelhöhen jährliche Niederschlagsmengen von über 2500 Millimeter, die überwiegend in Form von Schnee fallen (zum Vergleich: Briançon 500 Millimeter). Natürlich zeigt die globale Erwärmung auch hier Wirkung. Die Zunge des Glacier Blanc zog sich in den zehn Jahren vor der Jahrtausendwende um mehr als 200 Meter zurück.

Wir sind über den »Weißen Gletscher« aufgestiegen, auf jener Route, die ein berühmter Alpinist am 25. Juni des Jahres 1864 nahm: Edward Whymper, geführt von Christian Almer und Michel Croz. Ein Jahr später sollte sein Name in aller Mund sein – durch die Tragödie bei der Erstbesteigung des Matterhorns.

Alpine Historie

Ein anderer Engländer, W. A. B. Coolidge, hat hier sogar »seinen« Gipfel, den Pic Coolidge (3775 m). Der Theologe und Historiker, in New York geboren und in Grindelwald gestorben, war ein leidenschaftlicher Bergsteiger; seine alpinistische Karriere startete er als 16jähriger (!) mit der Erstbesteigung des Piz Badile. Im Massif des Écrins bestieg er zahlreiche Gipfel als Erster, so u. a. die Ailefroide, Les Bans und den später nach ihm benannten »Pic«, oft am Seil von Christian Almer, der Bergführerlegende aus Grindelwald.

Der berühmteste Gipfel des Massivs ist nicht der höchste, aber der schönste; er steht weiter im Norden: la Meije (3982 m). Sie ist eigentlich kein Berg, sondern eher ein Bergmassiv, und ein wildes dazu, mit einer vergletscherten Nordflanke, die hinabschaut nach La Grave, und einem Südabsturz, der sich urgewaltig über dem felsumrahmten Gletscherbecken des Glacier Carré aufbaut. Erstbesteiger waren E. Boileau de Castelnau mit den Führern Pierre und Pierre Gaspard (Vater und Sohn) im Jahr 1877. Keine zehn Jahre danach führten Ludwig Purtscheller, Emil und Otto Zsigmondy die erste Längsüberschreitung des mit mehreren Felstürmen besetzten Gipfelgrats durch – nur wenige Tage später fand Emil beim Versuch, die Südwand zu durchsteigen, den Tod. Am Fuß seines Schicksalsberges liegt er begraben, in La Bérarde. Das winzige Bergnest im innersten Vallée du Vénéon ist Ausgangspunkt für

Der höchste Park

zahlreiche Wanderungen und Hochtouren im Zentrum des Écrinsmassivs. Direkt über dem Dörfchen erhebt sich einer der schönsten Aussichtspunkte, der Tête de la Maye (2518 m): Gut zwei Wanderstunden sind es auf einem markierten Weg bis zur fantastischen Rundumschau. Und da hat man sie dann (fast) alle im Blick, die großen Berge des Écrins.

Kontrast

Was in La Bérarde noch felsumstellte Enge ist, wird am Südrand des Parks zu voralpiner Weite. Terre méditerranée – den Lavendelfeldern näher als den Gletschern des Écrins; die hohen Berge sind hier nur noch Kulisse. Und mitten in dieser vom eiszeitlichen Duranceglétscher geprägten Beckenlandschaft liegt ein riesiger See: der Lac de Serre Ponçon (785 m). Ein Erdwall von gewaltigen Ausmaßen (Höhe 124 Meter, Kronenlänge 630 Meter) staut hier bis zu 1,2 Milliarden Kubikmeter Wasser. Im unterirdischen Kraftwerk werden jährlich etwa 700 Millionen Kilowattstunden Strom erzeugt; daneben dient der Staudamm auch dem Hochwasserschutz, und die Wasserreserve wird bei Bedarf zur Bewässerung der Agrarkulturen am Unterlauf der Durance eingesetzt. Naturnutzung im Vorfeld des Parks – la houille blanche, die »Weiße Kohle« als saubere Energie, CO_2-frei?

Zerklüftetes Eis: der Glacier Blanc

König der Lüfte: der Steinadler (oben)
Fantastisch, die Nordansicht der Meije! (nächste Seite)

Parc National des Écrins

ENTDECKEN UND ERLEBEN – zu Fuß unterwegs im Nationalpark

Kleiner Berg ganz groß
Besonders hoch ist er nicht, der Tête de la Maye (2518 m), mehr ein abgerundeter Felsbuckel als ein richtiger Gipfel, aber doch ein besonders schöner Aussichtspunkt mitten im Massif des Écrins. Da hat man sie dann (fast) alle im Blick, die großen Gipfel dieser wilden, stark vergletscherten Alpenregion. Fels und Eis rundum, und tief drunten der Graben des Vallée du Vénéon.
La Bérarde (1713 m; Anfahrt von Le Bourg-d'Oisans) – Tête de la Maye, 2.30 Stunden. Trittsicherheit erforderlich.

Hüttenwandern
Berghütten sind auch in den Französischen Alpen beliebte Wanderziele, und die Tour durchs Valle de la Selle gehört zu den schönsten im Écrinsmassiv mit Einkehr am Umkehrpunkt.
Anstiegszeit vom St-Christophe-en-Oisans (1418 m) zum modernen Refuge de la Selle (2635 m) 4 Stunden, leicht.

Ins Blumenparadies
Der Lac du Lauvitel (1499 m) ist Mittelpunkt eines Parkgebiets, das wegen seines Blumenreichtums unter besonderem Schutz steht. Aufstieg von La Danchère (989 m) im Vallée du Vénéon knapp 2 Stunden. Familienwanderung.

Schauwandern
Die schönste Nordansicht des Écrinsmassivs bietet eine Höhenwanderung über das Plateau de Paris. Von Großstadt ist hier allerdings weit und breit nichts zu sehen, und die Meije – der schönste Gipfel des Gebirges – ragt noch viel höher in den Himmel als der Eiffelturm. Im Frühsommer herrliche Flora auf den weitläufigen Almböden über der Combe de Malaval.
Barrage du Chambon (1044 m; Anfahrt von Le Bourg-d'Oisans) – Mizoën (1155 m) – Chalets du Fay (2258 m) – Col du Souchet (2365 m) – Le Chazelet – La Grave (1481 m), 7.30 Stunden. Ausdauer erforderlich.

Passwandern
Ein Wanderklassiker führt aus dem Guisanetal über den Col d'Arsine zum Col du Lautaret. Highlights: der Blick vom Arsinepass auf die Meije, Gämsen, Murmeltiere, im Frühsommer die blühenden Almwiesen. Am Col du Lautaret empfiehlt sich ein Besuch des Botanischen Gartens.
Monêtier-les-Bains (1470 m) – Le Casset (1512 m) – Col d'Arsine (2340 m) – Refuge de l'Alpe de Villar-d'Arène (2077 m) – Col du Lautaret (2057 m), 6 Stunden. Durchwegs ordentliche Wege, etwas Ausdauer ist notwendig.

Refugium in alpinen Höhen: die Glacier-Blanc-Hütte, am Horizont der Mont Pelvoux

Der höchste Park

Wollgras am Glacier Blanc

Und noch eine Hüttenwanderung
Ganz nahe an die Hochgebirgswelt um Barre des Écrins und Mont Pelvoux (3943 m) heran führt der Weg zum Refuge du Glacier Blanc (2542 m), gut 2 Stunden vom Parkplatz Pré de Madame Carle (1874 m; Anfahrt durch das Vallouise), mäßig anstrengend.

Was für eine Schau!
Die »Weiße« (La Blanche, 2953 m) gehört zu den schönsten Aussichtspunkten des Briançonnais. Und viel Weiß entdeckt man auch im Panorama: die Gletscher des Écrinsmassivs.
Puy-Aillaud (1580 m; Anfahrt von Argentière-la-Bessée) – Croix du Chastellet (2475 m) – La Blanche, 4 Stunden. Markierter Weg, Ausdauer erforderlich.

Ins innerste Valgaudemar
Größere Steinbockkolonien finden sich im Süden des Parks, in den Karmulden über den Tälern von Valgaudemar und des Drac Noir. Auf der Rundwanderung über die Hütten Vallonpierre und Chabournéou bekommt man die wenig scheuen Tiere fast immer zu Gesicht. Ausgangspunkt ist das Refuge du Clot (1397 m) im Valgaudemar; grandios die Kulisse mit dem eisgepanzerten Sirac (3440 m).
Refuge du Clot – Refuge de Vallonpierre (2271 m) – Refuge de Chabournéou (2050 m) – Refuge du Clot, 5.30 Stunden.

INFOS
Parkverwaltung: Parc National des Écrins, Domaine de Charance, F-05000 Gap, Tel. +33/(0)492/40 20 10, ecrins-parcnational@espaces-naturel.fr, www.les-ecrins-parc-national.fr
Maison du Parc: Place Médecin-Général Blanchard, F-05100 Briançon, Tel. +33/(0)492/21 08 49, ecrins.briançonnais@ecpaces-naturels.fr
Maison du Parc: F-05290 Vallouise, Tel. +33/(0)492/23 32 31, ecrins.vallouise@espaces-naturels.fr
Maison du Parc: Place de l'Eglise, F-05380 Châteauroux, Tel. +33/(0)492/43 23 31, ecrins.embrunais@espaces-naturels.fr
Maison de la Vallée: F-05260 Pont-du-Fossé, Tel. +33/(0)492/55 95 44, ecrins.champsaur@espaces-naturel.fr
Maison du Parc: F-05800 La Chapelle-en-Valgaudemar, Tel. +33/(0)492/55 25 19, ecrins.valgaudemar@espaces-naturels.fr
Maison du Parc: F-38740 Entraigues, Tel. +33/(0)476/30 20 61, ecrins.valbonnais@espaces-naturels.fr
Maison du Parc: Rue Gambetta, F-38520 Le Bourg-d'Oisans, Tel. +33/(0)476/80 00 51, ecrins.oisans@espaces-naturels.fr

13

Parc National du Mercantour

Der exotische Park

*Steiniges Hochgebirge nicht weit vom Mittelmeer. Der Mont Ponset über dem innersten Vallon de Madone de Fenestre (links)
Idylle am Lac de Grenouilles, nordöstlich unter dem Mont Bégo (nächste Seite)*

Der Nationalpark erstreckt sich südlich bis in die Hügelregionen der Provence. Mancherorts prägen Lavendelfelder die Landschaft (unten).

Wandern zwischen Hochalpen und Mittelmeer. Im Nationalpark

13 Parc National du Mercantour

Wenn der Mistral durchs Rhonetal fegt, erblickt man von den Gipfeln der Seealpen die Insel Korsika. Das Meer scheint nahe im Parc du Mercantour, im französischen Süden. Wenn man in der flirrenden Hitze des Sommers dem Mont Pelat aufs Haupt steigt und ins weite Rund schaut, könnte man meinen, auch Afrika wäre nicht mehr fern. Er ist der Exot unter den Nationalparks der Alpen, ganz anders, auch wenn das Vésubie gelegentlich als »Suisse niçoise« bezeichnet wird.

Der Mont Bégo ist berühmt für seine prähistorischen Felsritzungen.

Der Süden, der französische, er beginnt irgendwo jenseits des Col du Galibier (2645 m), der die Maurienne vom Briançonnais trennt, Wasserscheide zwischen Arc und Durance ist. Und oft auch Wettergrenze. Der kahle Passscheitel mag noch von Wolken verhüllt sein, auf der Fahrt hinab und hinaus zu Vaubans Festungsstädtchen zeigen sich im Grau erste blaue Flecken, und in Briançon, wo dann ein Génépi der Reise in die »monde méditérrane« die passende Geschmacksrichtung verleiht, sind die Sonnenschirme der Straßencafés aufgespannt. Gap liegt bereits unter dem Licht des Südens, das seit Generationen Maler in die Provence lockte; man atmet neue, verführerische Düfte, und auf der Fahrt durchs Ubaye hinauf zum Col de la Cayolle verwandelt sich die Bergkulisse in eine Farbsymphonie. Bunte, aufgerissene Felsflanken, nur wenig Grün, tiefe Canyons, die von der Wucht der Naturgewalten künden. Ein Wiesenfleck bekommt hier Inselstatus, Geröllberge dominieren,
gelb, braun und grau in allen Schattierungen. Eine ganz andere Alpenwelt. Und dann, am Straßenrand, ein großes Schild: »Parc National du Mercantour«.

Le parc du loup

Er ist der der jüngste der drei französischen Alpenparks, 1979 eröffnet – und der exotischste. Ein Park, durch den der Wolf streift, über dem Bartgeier ihre Kreise ziehen, wo man in den Tälern da und dort noch okzitanisch spricht, Paris weit weg und das Mittelmeer ganz nahe ist. Ein Park, der an manchen Ecken einer erdgeschichtlichen Baustelle gleicht, anderswo mit einer außerordentlichen Pflanzenvielfalt prunkt, der ebenso wunderbar wie geheimnisvoll ist (Vallée des Merveilles), mit gewaltigen Schluch-

Der exotische Park

DATEN UND FAKTEN

Fläche: 685 km^2 (Randzone 1465 km^2)
Eröffnet: 1979
Einstufung nach IUCN: Kategorie II (Kernzone)
Tiefster Punkt: 480 m (Gorges du Paion)
Höchster Punkt: 3143 m (Cime du Gélas)
Gesteine: Granit, Gneis, Schiefer
Ortschaften im Bereich der Randzone: Guillaumes, Valberg, St-Étienne-de-Tinée, Isola, St-Sauveur-sur-Tinée, St-Martin-Vésubie, Tende, Breil-sur-Roya
Benachbarte Naturschutzgebiete: Parco Naturale delle Alpi Marittime (nordöstlich), Parc naturel regional du Queyras (nördlich)

ten in seinem Vorgelände (Daluis, Cians, Tinée), mit Gipfeln, von denen aus man die Pyrenäen und Korsika sehen kann, mit Dörfern, die wie Schwalbennester an schroffen Hängen kleben.

Vallée des Merveilles

Ein Landstrich voller Wunder, wo Ausflüge per pedes oft in alpine Höhen, gelegentlich auch weit zurück in die Vergangenheit führen können. Wie eine Wanderung ins »Tal der Wunder«.

Es ist recht kühl an diesem Septembermorgen. Für uns ein gutes Zeichen; im Rhonetal bläst wohl der Mistral, was bedeutet: klare Luft und gute Fernsicht. Wir sind drunten bei Mesches gestartet, durchs Val de la Minière gewandert, dessen Name an den hier seit Römerzeiten und bis 1927 betriebenen Bergbau (Blei, Zink) erinnert. Der Lärchenwald lichtet sich allmählich, und mächtige Felstrümmer, manche bizarr geformt, säumen den Weg. Zur Rechten ragt massig der Mont Bégo (2872 m) in den Himmel. Dann die ersten Seen, und am Lac Long supérieur das Refuge des Merveilles. Das Sonnenlicht zaubert tausend kleine Sterne aufs Wasser, und über dem Talschluss kreist ein großer Raubvogel. Ich blende für einen Augenblick die Infrastruktur aus, denke mir eine Schafherde, ein paar Hunde und einen Hirten. Mensch und Tier ziehen im Frühsommer auf die Höhen und kehren im Herbst zurück ins Tal: die Urform der Viehwirtschaft (Transhumanz), in den Südwestalpen wohl ein paar tausend Jahre alt. Und während die Schafe weiden, haben die vorgeschichtlichen Hirten Zeichen im harten Granit hinterlassen – zehntausende. Die meisten stammen aus der frühen Bronzezeit (1800–1500 v. Chr.), noch ältere Symbole, mit Steinwerkzeugen gefertigt, werden bis zurück in die Zeit um 3000 v. Chr. datiert. Fast die Hälfte der Darstellungen zeigt Rinder oder deren Hörner, was auf einen (damals weit verbreiteten) Fruchtbarkeits-

kult schließen lässt; häufig entdeckt man auch Waffen und Werkzeuge, sehr selten Menschen oder, besonders rätselhaft, geometrische Figuren. Die bekanntesten Gravuren zeigen Christus (Christ), einen Zauberer (Sorcier) und den »Homme aux bras en zigzag«.

Ins Valmasque

Am Weg hinauf zur Baisse de Valmasque (2574 m) findet man einige dieser prähistorischen Felszeichnungen, allerdings (leider) noch mehr zeitgenössische Nachahmungen. Oben am Pass wird der Blick nach Norden frei auf drei Bergseen, die einst vom Gletschereis ausgehobelt und im letzten Jahrhundert noch zusätzlich aufgestaut wurden: der Lac du Basto, der Schwarze und der Grüne See. Während wir absteigen, queren ein paar Steinböcke das Kar, ohne uns eines Blickes zu würdigen. Scheuer sind da die Gämsen; sie halten stets Abstand, und ihr zischender Warnlaut bedeutet, dass es dabei auch bleiben soll.

Im Valmasque sind aber nicht nur Steinbock und Gämse heimisch; das Hochtal nahe der Grenze zum Piemont gilt als Blumenparadies. Rund zweitausend verschiedene Pflanzen sind im Parc du Mercantour nachgewiesen, darunter auch zahlreiche Vertreter der mediterranen Flora, die an manchen klimatisch günstigen Standorten erstaunlich weit hinaufsteigen. Im Valmasque ist die »flore alpine« unter sich; wer Glück hat, entdeckt in den Felsen sogar die seltene *Saxifraga florulenta*, ein Endemit der Seealpen, dessen Blätter eine dichte Rosette bilden und die bis zu 300 Blüten tragen kann. Deshalb heißt die Blume in Frankreich »Saxifraga à fleurs nombreuses«. Sie kann bis zu 75 Jahre alt werden und blüht ein einziges Mal, ehe sie abstirbt.

Entschieden häufiger kommt die Echte Edelraute, lat. *Artemisia mutellina*, in den Seealpen vor. Meistens begegnet man ihr allerdings

Parc National du Mercantour

Der Authion war seiner strategischen Lage wegen stark befestigt.

in flüssiger Form, denn ihre Blüten bilden das Ausgangsprodukt bei der Herstellung des Génépi, eines dem Wermut ähnlichen Likörs, der im Süden Frankreichs sehr gern getrunken wird. À votre santé!

Alte Mauern, alte Straßen

Wir wandern talabwärts, und bald wird aus dem Wanderweg eine breite Piste, alt und steinig, aber solide trassiert: eine Militärstraße. Frankreichs berühmte Maginot-Linie – nutzloser Festungswall gegen Nazi-Deutschland – hatte nämlich eine Fortsetzung in den Alpen. Deshalb grüßt von mancher Kuppe im Grenzbereich ein altes, dem Verfall preisgegebenes Fort. Heute werden diese Mauern bevorzugt von Bikern mit strammen Waden »erobert« – eine ebenso friedliche wie sympathische Nutzung der kriegerischen Anlagen.

Fernsichten

Wer den Park »von oben« ansteuert, tut das ebenfalls über eine ehemalige Militärstraße. Um 1860 erbauten die französischen Genietruppen Napoléons III. die »Route Imperiale« als Verbindung zwischen dem Ubaye und dem Tal der Tinée. Sie führte ursprünglich über den Col de Restefond (2680 m) und wurde später um eine Schleife an der Bonette (2860 m) verlängert, was ihr das Attribut der »höchsten Alpenstraße« einbrachte (Scheitelpunkt 2802 m). Und der Touring Club de France ließ gleich noch eine Orientierungstafel aufstellen. Darauf ist auch der Mont Mounier (2817 m) verzeichnet, eine flache Pyramide, die über dem Tal der Tinée aufragt. Von seinem Gipfel schaute man früher nicht nur in die Ferne (bis Korsika!), sondern sogar in die Sterne. Der aus Holland stammende Bankier und Mäzen Raphaël-Louis Bischoffsheim erwarb am Nebengipfel 1892 ein Grundstück und ließ ein Observatorium errichten, das auch Wetterdaten lieferte. Es fiel allerdings bereits 1910 einem Brand zum Opfer.

Die Rundschau von der Bonette zeigt aber nicht nur eine Fülle von Gipfeln und tief eingeschnittene Täler, dem geübten Auge fällt auch ein markanter Gesteinswechsel auf. Während die Berge westlich des Tinéetals überwiegend aus leicht verwitternden Schiefern und anderen Sedimenten bestehen, bauen Gneis und Granit den Hauptkamm mit den höchsten Gipfeln der Seealpen auf: der Cima dell'Argentera (3290 m) auf Piemonteser Boden und der nordseitig noch schwach vergletscherten Cime du Gélas (3143 m). Der Mont Clapier (3045 m) gilt als südlichster Dreitausender der Alpen. Er ist gerade noch 40 Kilometer vom Mittelmeer entfernt, aber fast 600 Kilometer vom östlichsten Dreitausender der Alpen.

Bergseen

Charakteristisch für den Hauptkamm der Alpes Maritimes sind die vielen Karseen, Relikte der Eiszeit. Der schönste See des Parks liegt allerdings weit im Westen, über dem Tal des Verdon (der an seinem Unterlauf die größte Schlucht der Alpen bildet): der Lac d'Allos (2227 m). Lärchen säumen das Nordwestufer des rund 50 Hektar großen, idyllischen Gewässers, zu dem eine Kette eigenartig geformter Buckel die pittoreske Kulisse bildet: les Tours du Lac.

Ein europäischer Park?

Auf der Landkarte sieht der Mercantour-Park ein bisschen aus wie ein abgenagter Knochen. Das soll jetzt keine Anspielung auf die Wölfe sein, die in den letzten Jahren, aus den Abruzzen kommend (erstmals 1992), hier heimisch geworden sind und ihren Nahrungsbedarf natürlich nicht im Supermarkt decken. Das sorgt immer wieder für Reibereien; die Bauern fürchten um ihre Schafe, trotz Hütehunden und Nachtpferchen. Ein schwieriges Nebeneinander, und das wohl noch auf nicht absehbare Zeit.

Eines soll sich jedoch in nächster Zukunft ändern, wenn es nach den Verantwortlichen auf beiden Seiten der Seealpen geht: Der »Parco Naturale delle Alpi Marittime« und der französische Nationalpark kooperieren zwar schon seit längerem miteinander; ihr erklärtes Ziel ist aber die Schaffung eines europäischen Nationalparks, eines echten »Parc sans frontières« – Natur hier wie dort, geschützt und respektiert. Aquò' de pan sus pala.

Wie alt mag der Baumriese wohl sein?
Stark erodierte, oft gänzlich vegetationsfreie Bergflanken prägen das Landschaftsbild in weiten Teilen des Parks. (nächste Seite)

Parc National du Mercantour

ENTDECKEN UND ERLEBEN – zu Fuß und mit dem Rad unterwegs im Nationalpark

Wunder über Wunder

Das Highlight am Ostrand des Parks mit den Bergseen und den Felszeichnungen rund um den Mont Bégo, Übernachtung auf einer der drei Hütten am Weg, ordentliche Wege.
Lac des Mesches (1390 m; Anfahrt von St-Dalmas-de Tende) – Refuge des Merveilles (2130 m) – Baisse de Valmasque (2549 m) – Refuge de Valmasque (2221 m) – Refuge de Fontanalba (2113 m) – Vallon de Fontanalba – Casterino (1543 m) – Lac des Mesches, 10 Stunden. Im Sommer Führungen ab Refuge des Merveilles und ab Refuge de Fontanalba; Infos beim Maison du Parc in Tende. Sehr zu empfehlen ist ein Besuch im Musée des Merveilles in Tende.

Ein See und ein Gipfel

Größte Attraktion im Westen des Parks ist der Lac d'Allos (2227 m), vom Endpunkt der gebührenpflichtigen Straße (2120 m) in 30 Minuten erreichbar. Am Nordufer steht das Refuge du Lac (2230 m), um den See verläuft ein hübscher Uferweg.
Etwas anspruchsvoller ist die Besteigung des Mont Pelat (3050 m), allerdings auch mit gutem Weg bis zum Gipfel, der ein immenses Panorama bietet. Ab Parkplatz gut 3 Stunden; ein kleiner Abstecher führt zum Lac du Trou de l'Aigle (2672 m).

Stille Winkel unter dem Alpenhauptkamm

Typisch für den aus kristallinen Gesteinen aufgebauten Hauptkamm der Seealpen sind die vielen Seen. Allein im Quellgebiet des Vensbachs zählt man ein halbes Dutzend, wobei der größte immerhin gut 500 Meter lang ist. Schön angelegter Weg von der »Route de la Bonette« zum Refuge de Vens. Mit etwas Glück kann man interessante Tierbeobachtungen machen (Steinböcke, Gämsen, Mufflons, Murmeltiere), vielleicht sogar einen Adler oder Bartgeier sehen. Der Wolf ist in der Region ebenfalls nachgewiesen, aber kaum je zu beobachten.
Parkplatz (1533 m) – Refuge de Vens, 2.30 Stunden.

Auf den höchsten Gipfel des Parks

Madone de Fenestre (1908 m; 11 Kilometer von St-Martin-Vésubie), Wallfahrtsort nicht nur für Parkbesucher (15. August und 8. September ist die Kirche Ziel einer echten Wallfahrt), gilt als

Am Lac de Grenouilles

Der exotische Park

Mohnblumen

einer der besten Ausgangspunkte für Touren im Osten des Parks. Hier startet man in der Regel auch zur Besteigung der Cime du Gélas (3143 m), ein lohnendes Ziel für erfahrene Berggänger. Teilweise unmarkierter Anstieg, zum Gipfel hin Kletterstellen (I). Nur bei sicherem Wetter gehen; bei Nebel kann die Orientierung in dem unübersichtlichen Gelände zum Problem werden. Aufstiegszeit etwa 4 Stunden.

Leichter, aber ebenfalls sehr lohnend ist die Rundwanderung über den Col de Fenestre (2474 m) und den Col des Ladres (2448 m), 3.30 Stunden, mit einem Abstecher auf die Cime de l'Agnellière (2700 m) 5 Stunden (leichte Kletterei am Gipfel).

Aussicht mit Vergangenheit

Der Authion (Pointe des Trois Communes; 2080 m) ist nicht nur ein herrlicher Aussichtspunkt im Süden des Nationalparks mit besonders artenreicher Flora; seine strategisch günstige Lage rief schon früh die Festungsbauer auf den Plan. Die Anlagen, darunter die Redoute des Trois Communes am höchsten Punkt, entstanden in mehreren Etappen im 18./19. Jahrhundert und zu Beginn des Zweiten Weltkriegs (Teil der Maginot-Linie). Für gut trainierte Radler sind die Pass- und Gipfelstraßen zum Col de Turini (1607 m) und zum Authion eine echte Herausforderung, wobei sich das Pensum fast beliebig variieren lässt. Als Ausgangspunkte bieten sich Sospel (349 m), L'Escarène (357 m) und Lantosque (510 m) an; bis zum Gipfel sind es zwischen 24 und 33 Kilometer bei Anstiegen von jeweils gut 1500 Höhenmetern.

INFOS

Parkverwaltung (Siège du Parc): Rue d'Italie 23, BP 1316, F-06006 Nice cedex 01, Tel. +33/(0)493/16 78 88, www.mercantour.eu

Maison du Parc: Rue Kellermann-Sérunier, F-06450 St-Martin-Vésubie, Tel. +33/(0)493/03 23 15 (im Sommer geöffnet)

Maison du Parc: Quartier de l'Ardon, F-06660 St-Étienne-de-Tinée, Tel. +33/(0)493/02 42 27 (ganzjährig göffnet)

Maison du Parc: Avenue du 16-Septembre, F-06430 Tende, Tel. +33/(0)493/04 67 00 (ganzjährig geöffnet)

Maison du Parc: La Sapinière, F-04400 Barcelonnette (im Sommer geöffnet)

Maison du Parc: Maison Valbergane, F-06470 Valberg, Tel. +33/(0)493/02 58 23 (ganzjährig geöffnet)

Musée des Merveilles: F-06430 Tende (geöffnet Mi–Mo 10–12 / 14–17 Uhr)

Register

Kursive Seitenzahlen weisen auf Bilder hin.

Aiguille de Peclet 170
Alpe Belmello 144
Alpe Scaredi 144, 148f.
Alpe Serena 144
Alpes Martimes 201
Alpi Marittime, Parco Naturale 10, 201
Anlaufalm 74
Aostatal 157
Aspisviper 142, 145
Authion 200, 205

Baisse de Valmasque 199, 204
Barrage de Chambon 190
Barre des Écrins *2, 180, 182,* 184
Bartgeier 21, 53f., 158, 171
Belluneser Dolomiten *106*
Bérardie laineuse 185
Berchtesgaden, Nationalpark 28ff.
Berchtesgadener Alpen 37
Blaueis 38, 43
Bohinj 97f.
Bove, Giacomo 144
Braunbär *20,* 21, 97
Buchsteinhaus 88

California 114
Campanula morettiana *118*
Ceresole Reale 162
Chamanna Cluozza 20, 26
Champagny 171
Churburg 135
Ciaforon *155*
Cians 199
Cicogna 143, 148
Cima dell'Argentera 200
Cima della Laurasca *140*
Cima Marsicce 149
Cima Sasso 144, 148
Cime du Gélas 200, 204
Coaz, Johann 8
Cogne 163
Col d'Arsine 190
Col de Fenestre 205
Col de l'Entrelor 163
Col de la Cayolle 198
Col de la Croix des Frêtes *172*
Col de la Vanoise *168,* 172
Col de Restefond 200
Col de Turini 205
Col des Ladres 205
Col di Loson 163
Col du Galibier 198
Col du Lautaret 185, 190
Col du Mont Cenis 171f.
Col du Petit-St-Bernard 171f.
Colle del Nivolet 158, 162
Coolidge, W. A. B. 186

Dal Piaz, Giorgio 115
Daluis 199

Dent Parrachée 176
Dinosaurier 21
Dolomiti Bellunesi, Parco Nazionale delle 106ff.
Dorfer Tal 51
Dvonjo jezero *98*

Ebenforstalm 74
Echte Edelraute 199
Écrins, Parc National des 178ff.
Eiskapelle 42
Ennstaler Hütte 88
Esseillon 172

Feichtau 68, 75
Feuerpalfen 42
Frauenschuh 185
Fréjus-Tunnel 172
Funtensee 38, 42

Gamsgrube 55, 58
Gap 185, 198
Génépi 198, 200
Gesäuse 82f.
Gesäuse, Nationalpark 76ff.
Gesäuseberge 65, *80*
Glacier Blanc *187,* 191
Gletscherfloh 130
Gletscherhahnenfuß 130, 185
Glurns 135
Gran Paradiso *150,* 156, 159
Gran Paradiso, Parco Nazionale del 150ff.
Gran Zebrù 132
Grand Bec 171
Grande Casse *166, 168ff.,* 170, 172, 174
Grill, Johann 36
Grivola 10, *154,* 159
Großer Buchstein 84, 88
Großer Größtenberg *60*
Großglockner *9, 46, 52, 56,* 58
Großglockner Hochalpenstraße 8, 53f.
Großvenediger *44,* 51
Gstatterboden 83f.
Gusela del Vescovà *112,* 116

Habachtal 54
Hagengebirge 34
Haindlkarhütte 88
Haindlmauer 82
Hannibal 172
Heß, Heinrich 82f.
Heßhütte *81,* 82, 88
Hintere Schöntaufspitze 135
Hirsch 22, 130
Hochkalter 38, *40*
Hochtor *76,* 82ff., 88
Hohe Nock 69, 74
Hohe Tauern *28,* 51
Hohe Tauern, Nationalpark 10, 44ff.
Hoher Göll 38, *39*
Holzkohle 18

Il Fuorn 26
In la Piana 144, 148

Innergschlöß 58
IUCN 10

Johnsbach 83

Kalkalpen, Nationalpark 60ff.
Kals 51
Kampermauer 72
Kanjavec *105*
Kapruner Tal 51
Kärlinger Haus 38, 42
Kastanie 144
Kastelbell 135
Klarahöhle 68
Klausbachtal 43
Kleiner Buchstein *84*
Komna 98
Königssee *34,* 35, 42
Königsspitze *120, 122, 125, 132*
Krainer Lilie *104,* 115
Kranjska Gora 97
Krimmler Wasserfälle 51, 55
Kugy, Julius 98f.

La Bérarde 185f., 190
La Blanche 191
La Bonette 200
La Colma 142, 144, 148
La Grave 185, 190
La Meije 186, *188,* 190
Lac d'Allos 201, 204
Lac de Grenouilles 194, 204
Lac de Serre-Ponçon 187
Lac des Échines *166*
Lac du Lauvitel 185
Lago di Càreser 134
Lago Leita *11, 152,* 159
Lago Maggiore 143f.
Latsch 135
Le Vette 115, 119
Lettmair Au 88

Macun 19, *24,* 26
Madone de Fenestre 204
Madritschjoch 135
Maginot-Linie 172, 200
Mals 135
Mangart 100, *102*
Mangart-Straße 100, 104
Margunet *16,* 26
Martelltal 129
Martuljek *92*
Maurienne 171
Mercantour, Parc National du 10, 192ff.
Méribel-Mottaret 177
Minger, Val 26
Modane 172
Mojstrana 99, 104
Money 162
Mont Bégo *198,* 199, 204
Mont Blanc 160
Mont Clapier 200
Mont Mounier 200

Register

Mont Pelat 198, 204
Mont Pelvoux *180*
Mont Ponset *192*
Mont Tout Blanc 11, 158, 162, *163*
Monte Cevedale 128, 134
Monte Faie *136*, 142, 148
Monte Pavione 115, 119
Monte Pizzocco 115, 118
Monte Rosa *142*
Monte Serva *113*, 115, 118
Monte Zeda *140*, 149
Monti del Sole 114
Moûtiers 172
Mufflon 171
Munt Buffalora 14
Munt la Schera 26
Murmeltier *186*
Murtergrat 20, 26
Müstair 26, 135

Oberengadin *18*
Obersalzberg 38
Obersee 35, 42
Ortler *120*, *122*, *126*, 128, *132*
Ortlermassiv 127
Österreichischer Drachenkopf 185

Pala Alta *119*
Pasterze *48*, *50*, 51
Payer, Julius von 128
Pedum 144
Peisey-Nancroix 171, 176
Petit Mont Blanc 177
Piani di Rosett *162*
Piani Eterni 115, 118
Piz Daint *17*
Piz Quattervals 19, *21*
Pizzo Pernice *140*
Pizzo Proman 142
Pizzon 114
Plan de Tueda 177
Plan du Lac 170
Planspitze *85*
Plateau de Paris 190
Pogallo, Val 143
Pointe Cézanne *183*
Pointe des Trois Comunes 205
Pointe Matthews *169*
Poitental *78*
Pokljuka 97
Ponte Velina 148
Pralognan-la-Vanoise 171f., 177
Predilpass 100
Premosello Chiovenda 144, 148
Preuß, Paul 83
Prisojnik *100*
Purtscheller, Ludwig 35, 186

Rauriser Tal 53f.
Refuge de la Leisse *174*, 177
Refuge de la Selle 190
Refuge de la Vanoise 177
Refuge de Vallonpierre 191
Refuge de Vens 204
Refuge des Merveilles 199, 204
Refuge du Glacier Blanc *190*, 191
Refuge du Grand Bec *176*
Refuge du Mont Pourri 176
Refuge du Plan du Lac 177

Refuge du Saut 177
Reichenstein *86*
Reichraming 74
Reichraminger Hintergebirge *60*, *64*, 66f.
Reiteralpe *30*
Repubblica d'Ossola 144
Rettenbachquelle *62*
Rhätischer Alpenmohn 19
Rifugio Branca 134
Rifugio Chabod 162
Rifugio Dorigoni 134
Rifugio Larcher 134
Rifugio Vittorio Emanuele II.
    156, 162
Rifugio Vittorio Sella 163
Roter Kogel *54*
Röth 36

Salm, Kardinal 52
Sarasin, Paul 8
Save 97, 99
Saxifraga florulenta 199
S-charl, Val 18, 26
Schiara *112f.*, *114*, 118
Schlatenkees 58
Schwarzbraune Segge 58
Schwarzer Bach *71*
Schweizerischer Nationalpark 8, 10, 12ff.
Sengsengebirge *62*, 67ff., 74
Sensenschmiede Roßleithen 69
Sentiero Bove 144, 148f.
Siebenschläfer 145
Sieben-Seen-Tal 95ff.
Škrlatica *92*
So a 97, 99
Spöl 20
St. Bartholomä *34*, 42
St. Gallen 157
St. Johannes Baptist,
    Benediktinerinnenkloster 26
St. Prokulus 135
Stani , Valentin 35f.
Steinadler 68, 171, 186, *187*
Steinbock 21, 36, 97, 156ff., *164*, 171
Steinernes Meer 37
Stilfser Joch 126f., 130
Stilfser-Joch-Nationalpark 22, 120ff.
St-Martin-de-Belleville 171
Strobl, Gabriel 83
Stubacher Sonnblickkees 51
Stüdl, Johann 52
Sulden 129
Suldenferner *124*
Sur il Foss 26
Sutermeister, Carlo 143

Tannenhäher 20
Tauernfenster 54, 58
Tende 204
Termignon 177
Tête de la Maye 187, 190
Tignes-le-Lac 170
Tolminer Schlucht 104
Tour de la Grande Casse 176
Trenta 99, 104
Tresenta *150*, 154
Trift 70
Triftsteig 74
Triglav *92*, 96, 98f., *101*, 104

Triglav-Nationalpark 90ff.
Trois Vallées 170f.

Ultener Riesen 130
Umbalfälle 51, 58

Val Cluozza 20
Val d'Isère 170
Val da Stabelchod 26
Val de l'Art *108*
Val de la Mare 134
Val di Saènt 134
Val Grande *138*
Val Grande, Parco Nazionale 136ff.
Val Imperina 114
Val Müstair, Biosfera 22
Val Pramper 118
Val Savarenche 158, 162
Val Soana 158, 163
Val Trupchun 22, *23*, 26
Valgaudemar 191
Valle dei Forni 134
Valle del Mis 113
Valle di Campiglia 163
Valle di Locana 158
Valle Zebrù 134
Vallée des Merveilles 198f.
Vallon de la Leisse 172, *173*
Valmasque 199
Valnontey 159, 162
Vanoise, Parc National de la 164ff.
Veichltal *74*
Venediger Höhenweg 59
Verbania 143
Vinschgau 129, 135
Vittorio Emanuele II. 156
Vrata 99, 104

Waal 129
Waldbahn 70, 74
Wanderfalke 68
Watzmann *32*, 34ff., *37*, *40*, 42
Watzmannhaus 38
Watzmann-Ostwand 36
Wimbachklamm *4*
Wimbachtal 37, 43
Wocheiner See 98
Wolf 198, 201, 204

Zaytalhütte 126
Zernez 19
Zois-Glockenblume *104*
Zsigmondy, Emil 83, 186

Impressum

Unser komplettes Programm:
www.bruckmann.de

Produktmanagement: Marko Schweizer
Layout: graphitecture book, Rosenheim
Repro: Cromika s.a.s., Verona
Umschlaggestaltung: Büroecco, Augsburg
unter Verwendung eines Fotos von Bernd Ritschel
Kartografie: Achim Norweg
Herstellung: Thomas Fischer
Printed in Slovenia by MKT Print, Ljubljana

Alle Angaben dieses Werkes wurden von den Autoren sorgfältig recherchiert und auf den aktuellen Stand gebracht sowie vom Verlag geprüft. Für die Richtigkeit der Angaben kann jedoch keine Haftung übernommen werden.

Für Hinweise und Anregungen sind wir jederzeit dankbar.
Bitte richten Sie diese an:

Bruckmann Verlag
Postfach 80 02 40
D-81602 München
E-Mail: lektorat@bruckmann.de

Bildnachweis:
Alle Abbildungen stammen von Bernd Ritschel mit Ausnahme der Bilder S. 20 u., S. 53, Seite 187 (Konrad Wothe), S. 104, S. 188, S. 192 (Eugen E. Hüsler) und S. 112 (Manfred Kostner).

Die Deutsche Nationalbibliothek –
CIP-Einheitsaufnahme
Ein Titelsatz für diese Publikation ist bei der
Deutschen Nationalbibliothek erhältlich.

© 2008 Bruckmann Verlag GmbH, München
ISBN 978-3-7654-4304-6